KB188276

불설아미타경

우리출판사

불설아미타경

사경의 목적

사경은 경전의 뜻을 보다 깊이 이해하려는 목적도 있지만, 부처님의 말씀을 옮겨 쓰는 경건한 수행을 통해 자기의 신심信心과 원력을 부처님의 말씀과 일체화시켜서 신앙의 힘을 키워나가는데 더 큰 목적이 있다.

조용히 호흡을 가다듬고 부처님의 말씀을 마음으로 되새기며, 정신을 집중하여 사경에 임하다 보면 자신도 모르는 사이에 사경 삼매에 들게 된다. 또한 심신心身이 청정해져 부처님의 마음과 통하게 되니, 부처님의 지혜의 빛과 자비광명이 우리의 마음속 깊이 스며들어 온다.

그러면 몸과 마음이 안락과 행복을 느끼면서 내 주변의 모든 존재에 대한 자비심이 일어나니, 사경의 공덕은 이렇듯 그 자리에서 이익을 가져온다.

사경하는 마음

경전에 표기된 글자는 단순한 문자가 아니라 부처님께서 깨달은 진리라는 상징성을 갖고 있다. 경전의 글자 하나하나가 중생구제를 서원하신 부처님의 마음이며, 중생을 진리의 길로 인도하는 지침인 것이다.

예로부터 사경을 하며 1자3배의 정성을 기울인 것도 경전의 한 글자 한 글자에 부처님이 함께하신다고 생각했기 때문이다. 사경이 수행인 동시에 기도의 일환으로 불자들에게 널리 행해지는 까닭이 여기에 있다.

사경은 부처님의 가르침과 함께하는 시간이며 부처님과 함께하는 시간이다. 부처님의 말씀을 가슴으로 받아들이고 마음으로 찬탄하며 진실로 기쁘게 환희로워야 하는 시간인 것이다.

따라서 사경은 가장 청정한 마음으로 임해야 한다.

사경의 공덕

❀ 마음이 안정되고 평화로워져 미소가 떠나질 않는다.
❀ 부처님을 믿는 마음이 더욱 굳건해진다.
❀ 번뇌 망상, 어리석은 마음이 사라지고 지혜가 증장한다.
❀ 생업이 더욱 번창한다.
❀ 좋은 인연을 만나고 착한 선과가 날로 더해진다.
❀ 업장이 소멸되며 소원한 바가 반드시 이루어진다.
❀ 불보살님과 천지신명이 보호해 주신다.
❀ 각종 질환이나 재난, 구설수 등 현실의 고苦를 소멸시킨다.
❀ 선망조상이 왕생극락하고 원결 맺은 다겁생의 영가들이
　이고득락離苦得樂한다.
❀ 가정이 화목하고 자손들의 앞길이 밝게 열린다.

사경하는 절차

1. 몸을 깨끗이 하고 옷차림을 단정히 한다.
2. 사경할 준비를 갖춘다.(사경상, 좌복, 필기도구 등)
3. 삼배 후, 의식문이 있으면 의식문을 염송한다.
4. 좌복 위에 단정히 앉아 마음을 고요히 한다.
　(잠시 입정하면 더욱 좋다.)
5. 붓이나 펜으로 한 자 한 자 정성스럽게 사경을 시작한다.
6. 사경이 끝나면 사경 발원문을 염송한다.
7. 삼배로 의식을 마친다.

◆ 기도를 더 하고 싶을 때에는 사경이 끝난 뒤, 경전 독송이나
　108배 참회기도, 또는 그날 사경한 내용을 참구하는 명상
　시간을 갖는 것도 좋다.
◆ 사경에 사용하는 붓이나 펜은 사경 이외의 다른 용도에
　사용하지 않도록 한다.
◆ 완성된 사경은 집안에서 가장 정갈한 곳(혹은 높은 곳)에 보관
　하거나, 경건하게 소각시킨다.

발 원 문

년   월   일

불설아미타경

경전을 펴는 게송 (開經偈)

경전속의 미묘한법 세상제일 존귀하여

백천만겁 지나도록 만나뵙기 어려워라

제가이제 보고듣고 받아지녀 외우오니

부처님의 진실한뜻 알아지길 원합니다

법장을 여는 진언 (開法藏眞言)

『옴 아라남 아라다』 (세번)

불설아미타경

이와 같이 내가 들었다. 한때 부처님께서

사위국 기수급고독원에서 큰 비구 천이백오

십 인과 더불어 함께 계셨다. 그들은 모두

가 대 아라한으로 여러 사람들에게 잘 알려
진 이들이었으니 장로 사리불·마하목건
련·마하가섭·마하가전련·마하구치라·
이바다·주리반타가·난타·아난타·라후
라·교범바제·빈두로파라타·가류타이·
마하겹빈나·박구라·아누루타와 같은 큰
제자들이었다. 또한 보살마하살인 문수사리
법왕자를 비롯해 아일다보살·건타하제보
살·상정진보살 등 여러 대보살과 석제환인
등 수많은 천인들과 더불어 함께 계셨다.
그때 부처님께서 장로 사리불에게 말씀하셨
다. 여기에서 서쪽으로 십만억 불국토를 지
난 곳에 한 세계가 있으니 이름이 극락이
요, 거기에 부처님이 계시니 호가 아미타이
시라, 지금도 법을 설하고 계시느니라.
사리불이여, 저 세계를 어찌하여 극락이라
하는 줄 아는가? 그 세계에 있는 중생들은

아무 괴로움도 없고 다만 즐거움만 누리므로 극락이라 하느니라.

그리고 사리불아, 극락세계에는 일곱 겹으로 된 난간과 일곱 겹 나망과 일곱 겹 가로수가 있는데, 금·은·청옥·수정의 네 가지 보배로 두루두루 둘러싸여 있으므로 그 나라를 또한 극락이라 하느니라.

사리불이여, 또 극락세계에서는 칠보로 된 연못이 있으니, 여덟 가지 공덕이 있는 물로 가득 찼으며, 연못 바닥엔 깨끗한 금모래가 깔려 있느니라. 연못 둘레에는 금·은·유리·파려 등 네 가지 보배로 이루어진 층계가 있고, 그 위에 누각이 있어 금·은·유리·파려·자거·적진주·마노 등으로 찬란하게 꾸며져 있느니라.

그리고 연못 가운데 핀 연꽃은 크기가 큰 수레바퀴만하여, 푸른 꽃에서는 푸른 광채

가 나고, 누런 꽃에서는 누런 광채가 나며, 붉은 꽃에서는 붉은 광채가 나고, 흰 꽃에서는 흰 광채가 나서 이를 데 없이 향기롭고 정결하니라. 사리불이여, 극락세계는 이와 같은 공덕장엄으로 이루어졌느니라.

사리불이여, 또한 저 부처님 나라에는 항상 천상의 음악이 울리며, 황금으로 땅을 이루고, 주야 육시로 천상의 만다라 꽃비가 내리느니라. 그 나라 사람들은 항상 이른 아침마다 바구니에 온갖 아름다운 꽃을 담아 가지고 다른 세계에 계시는 십만억 부처님께 공양하고, 아침 시간 전에 돌아와 식사를 마치고 경행하느니라. 사리불이여, 극락세계는 이와 같은 공덕장엄으로 이루어졌느니라.

사리불이여, 또한 저 나라에는 항상 가지가지 기묘한 여러 빛깔을 가진 백학 · 공작 ·

앵무새·사리새·가릉빈가·공명조 등의 새가 있어서, 이들 새의 무리들이 주야 육시로 항상 조화롭고 맑은 소리를 내는데, 그 아름다운 소리에서는 오근, 오력, 칠보리분, 팔정도 등의 법을 설하는 소리가 흘러나오느니라. 그 나라 중생들은 그 소리를 들으면, 부처님을 생각하고 법문을 생각하며 스님들을 생각하게 되느니라.

사리불이여, 그대는 저 새들이 죄업으로 인하여 생긴 것이라 생각하지 말라. 왜냐 하면 저 불국토에는 삼악도가 없기 때문이니라.

사리불이여, 저 세계에는 악도라는 이름도 없거늘 어찌 실제로 그런 것이 있겠는가. 이들 여러 새들은 모두 아미타불께서 법문을 설하기 위해 화현으로 만든 것이니라.

사리불이여, 저 불국토에서는 약간의 바람만 불어도 보석으로 장식된 가로수와 나망

에서 아름다운 소리가 나는데, 그것은 마치 백천 가지 악기가 합주하는 것과 같으며, 이 소리를 듣는 사람은 모두가 저절로 부처님을 생각하고 법문을 생각하며 스님들을 생각할 마음을 내느니라. 사리불이여, 저 불국토는 이와 같은 공덕장엄으로 이루어졌느니라.

사리불이여, 저 부처님을 어찌하여 아미타불이라 하는 줄 아는가? 사리불이여, 저 부처님의 광명이 한량없어 시방세계를 두루 비춤에 조금도 걸림이 없기 때문에 아미타불이라 하느니라. 사리불이여, 또한 저 부처님의 수명과 그 나라 백성의 수명이 한량없고 끝이 없는 아승지겁이므로 아미타불이라 하나니, 아미타불이 성불한 지도 벌써 십겁이 되었느니라.

사리불이여, 저 부처님에게는 헤아릴 수 없

이 많은 성문 제자들이 있으니 모두가 아라
한으로, 그 수효는 어떤 산수로도 헤아릴
수 없으며, 보살 대중의 수도 또한 그러하
니라. 사리불이여, 저 불국토는 이와 같은
공덕장엄으로 이루어졌느니라.

사리불이여, 극락세계에 태어나는 중생들은
다 보리심에서 물러나지 않는 이들이며, 그
가운데는 일생보처에 이른 이들이 수없이
많아 산수로는 알 수 없으며, 다만 무량무
변아승지로 말할 뿐이니라.

사리불이여, 이 말을 들은 중생들은 마땅히
서원을 발하되, 저 나라에 가서 태어나기를
원해야 할 것이니라. 왜냐 하면 저 세계에
나면 이와 같이 으뜸가는 여러 선인들과 한
데 모여 살 수 있기 때문이니라.

사리불이여, 작은 선근이나 복덕의 인연으
로는 저 세계에 가서 날 수가 없느니라.

사리불이여, 어떤 선남자 선여인이 있어 아미타불에 대한 법문을 듣고 하루나 이틀 혹은 사흘, 나흘, 닷새, 엿새, 이레 동안 한결같은 마음으로 아미타불의 명호를 외워 마음이 조금도 흐트러지지 않으면, 그 사람이 임종할 때에 아미타불이 여러 성인들과 함께 그 사람 앞에 나타나느니라. 그러면 그 사람은 목숨을 마칠 때에 마음이 휘둘리지 아니하여, 곧 아미타불의 극락세계에 왕생하게 되느니라. 사리불이여, 여래는 이러한 공덕이 있음을 보고 이와 같이 말하는 것이니, 어떤 중생이든지 이 말을 들으면 마땅히 저 국토에 가서 나기를 발원할지니라.

사리불이여, 여래가 지금 아미타불의 불가사의한 공덕을 찬탄한 것처럼, 동방에도 아촉비불·수미상불·대수미불·수미광불·묘음불 등 항하사수 여러 부처님이 계시어,

각기 그 세계에서 삼천대천세계를 두루 덮는 큰 목소리로 정성을 다하여 연설하여 말씀하시되,『너희들 중생들은 마땅히 불가사의한 공덕을 칭찬하신 모든 부처님이 호념하시는 이 경을 믿으라.』고 하시느니라.

사리불이여, 남방세계에도 일월등불·명문광불·대염견불·수미등불·무량정진불 등 항하사수 여러 부처님이 계시어, 각기 그 세계에서 삼천대천세계를 두루 덮는 큰 목소리로 정성을 다하여 연설하여 말씀하시되,『너희들 중생들은 마땅히 불가사의한 공덕을 칭찬하신 모든 부처님이 호념하시는 이 경을 믿으라.』고 하시느니라.

사리불이여, 서방세계에도 무량수불·무량상불·무량당불·대광불·대명불·보상불·정광불 등 항하사수 여러 부처님이 계시어, 각기 그 세계에서 삼천대천세계를 두

루 덮는 큰 목소리로 정성을 다하여 연설하여 말씀하시되, 『너희들 중생들은 마땅히 불가사의한 공덕을 칭찬하신 모든 부처님이 호념하시는 이 경을 믿으라.』고 하시느니라.

사리불이여, 북방세계에도 염견불·최승음불·난저불·일생불·망명불 등 항하사수 여러 부처님이 계시어, 각기 그 세계에서 삼천대천세계를 두루 덮는 큰 목소리로 정성을 다하여 연설하여 말씀하시되, 『너희들 중생들은 마땅히 불가사의한 공덕을 칭찬하신 모든 부처님이 호념하시는 이 경을 믿으라.』고 하시느니라.

사리불이여, 하방세계에도 사자불·명문불·명광불·달마불·법당불·지법불 등 항하사수 여러 부처님이 계시어, 각기 그 세계에서 삼천대천세계를 두루 덮는 큰 목소리로 정성을 다하여 연설하여 말씀하시

되, 『너희들 중생들은 마땅히 불가사의한 공덕을 칭찬하신 모든 부처님이 호념하시는 이 경을 믿으라.』고 하시느니라.

사리불이여, 상방세계에도 범음불·수왕불·향상불·대염견불·잡색보화엄신불·사라수왕불·보화덕불·견일체의불·여수미산불 등 항하사수 여러 부처님이 계시어, 각기 그 세계에서 삼천대천세계를 두루 덮는 큰 목소리로 정성을 다하여 연설하여 말씀하시되, 『너희들 중생들은 마땅히 불가사의한 공덕을 칭찬하신 모든 부처님이 호념하시는 이 경을 믿으라.』고 하시느니라.

사리불이여, 어찌 하여 이 경을 모든 부처님들이 호념하는 경이라고 하는 줄 아느냐?

사리불이여, 어떤 선남자 선여인이 있어 만약 이 경을 듣고 받아 지니거나 부처님의 명호를 들으면, 이들 선남자 선여인 모두가

모든 부처님의 보호를 받아 위없이 바른 깨
달음에서 물러서지 않기 때문이니라. 그러
므로 너희들은 마땅히 나의 말과 모든 부처
님이 말씀하신 바를 믿어야 하느니라.

사리불이여, 어떤 사람이 아미타불의 세계
에 가서 나기를 이미 발원하였거나, 지금 발
원하거나 혹은 장차 발원하여 아미타 불국
토에 태어나고자 하면, 이 사람들은 모두 위
없이 바른 깨달음에서 물러나지 아니하고,
저 세계에 벌써 났거나 지금 나거나 혹은 장
차 날 것이니라. 그러므로 사리불이여, 선남
자 선여인으로서 신심이 있는 자는 마땅히
저 세계에 나기를 발원해야 하느니라.

사리불이여, 여래가 지금 여러 부처님의 불
가사의한 공덕을 찬탄하듯이, 저 모든 부처
님들도 또한 나의 불가사의한 공덕을 칭찬
하시기를, 『석가모니 부처님이 심히 어렵고

희유한 일을 이루었으니, 능히 겁탁, 견탁,

번뇌탁, 중생탁, 명탁 등의 사바세계의 오

탁악세에서 위없이 바른 깨달음을 얻고 중

생들을 위하여 세간에서 믿기 어려운 법을

설한다.』고 하시느니라.

사리불이여, 마땅히 알지니 여래가 오탁악

세에서 이렇게 어려운 일을 행하여 위없이

바른 깨달음을 얻고, 일체 세간을 위해 이

믿기 어려운 법을 설하는 것은 매우 어려우

니라.

부처님께서 이 경을 다 말씀하시니, 사리불

과 여러 비구들과 모든 세간의 천인·아수

라 등이 부처님의 말씀을 듣고, 기쁘게 믿

고 받아 예배하고 물러갔다.

나무 아미타불

불설아미타경

경전을 펴는 게송(開經偈)

경전속의 미묘한법 세상제일 존귀하여

백천만겁 지나도록 만나뵙기 어려워라

제가이제 보고듣고 받아지녀 외우오니

부처님의 진실한뜻 알아지길 원합니다

법장을 여는 진언(開法藏眞言)

『옴 아라남 아라다』(세번)

불설아미타경

이와 같이 내가 들었다. 한때 부처님께서

사위국 기수급고독원에서 큰 비구 천이백오

십 인과 더불어 함께 계셨다. 그들은 모두

가 대 아라한으로 여러 사람들에게 잘 알려진 이들이었으니 장로 사리불·마하목건련·마하가섭·마하가전련·마하구치라·이바다·주리반타가·난타·아난타·라후라·교범바제·빈두로파라타·가류타이·마하겁빈나·박구라·아누루타와 같은 큰 제자들이었다. 또한 보살마하살인 문수사리법왕자를 비롯해 아일다보살·건타하제보살·상정진보살 등 여러 대보살과 석제환인 등 수많은 천인들과 더불어 함께 계셨다.

그때 부처님께서 장로 사리불에게 말씀하셨다. 여기에서 서쪽으로 십만억 불국토를 지난 곳에 한 세계가 있으니 이름이 극락이요, 거기에 부처님이 계시니 호가 아미타이시라, 지금도 법을 설하고 계시느니라.

사리불이여, 저 세계를 어찌하여 극락이라 하는 줄 아는가? 그 세계에 있는 중생들은

아무 괴로움도 없고 다만 즐거움만 누리므로 극락이라 하느니라.

그리고 사리불아, 극락세계에는 일곱 겹으로 된 난간과 일곱 겹 나망과 일곱 겹 가로수가 있는데, 금·은·청옥·수정의 네 가지 보배로 두루두루 둘러싸여 있으므로 그 나라를 또한 극락이라 하느니라.

사리불이여, 또 극락세계에서는 칠보로 된 연못이 있으니, 여덟 가지 공덕이 있는 물로 가득 찼으며, 연못 바닥엔 깨끗한 금모래가 깔려 있느니라. 연못 둘레에는 금·은·유리·파려 등 네 가지 보배로 이루어진 층계가 있고, 그 위에 누각이 있어 금·은·유리·파려·자거·적진주·마노 등으로 찬란하게 꾸며져 있느니라.

그리고 연못 가운데 핀 연꽃은 크기가 큰 수레바퀴만하여, 푸른 꽃에서는 푸른 광채

가 나고, 누런 꽃에서는 누런 광채가 나며, 붉은 꽃에서는 붉은 광채가 나고, 흰 꽃에서는 흰 광채가 나서 이를 데 없이 향기롭고 정결하니라. 사리불이여, 극락세계는 이와 같은 공덕장엄으로 이루어졌느니라.

사리불이여, 또한 저 부처님 나라에는 항상 천상의 음악이 울리며, 황금으로 땅을 이루고, 주야 육시로 천상의 만다라 꽃비가 내리느니라. 그 나라 사람들은 항상 이른 아침마다 바구니에 온갖 아름다운 꽃을 담아 가지고 다른 세계에 계시는 십만억 부처님께 공양하고, 아침 시간 전에 돌아와 식사를 마치고 경행하느니라. 사리불이여, 극락세계는 이와 같은 공덕장엄으로 이루어졌느니라.

사리불이여, 또한 저 나라에는 항상 가지가지 기묘한 여러 빛깔을 가진 백학·공작·

앵무새·사리새·가릉빈가·공명조 등의 새가 있어서, 이들 새의 무리들이 주야 육시로 항상 조화롭고 맑은 소리를 내는데, 그 아름다운 소리에서는 오근, 오력, 칠보리분, 팔정도 등의 법을 설하는 소리가 흘러나오느니라. 그 나라 중생들은 그 소리를 들으면, 부처님을 생각하고 법문을 생각하며 스님들을 생각하게 되느니라.

사리불이여, 그대는 저 새들이 죄업으로 인하여 생긴 것이라 생각하지 말라. 왜냐 하면 저 불국토에는 삼악도가 없기 때문이니라. 사리불이여, 저 세계에는 악도라는 이름도 없거늘 어찌 실제로 그런 것이 있겠는가. 이들 여러 새들은 모두 아미타불께서 법문을 설하기 위해 화현으로 만든 것이니라.

사리불이여, 저 불국토에서는 약간의 바람만 불어도 보석으로 장식된 가로수와 나망

에서 아름다운 소리가 나는데, 그것은 마치 백천 가지 악기가 합주하는 것과 같으며, 이 소리를 듣는 사람은 모두가 저절로 부처님을 생각하고 법문을 생각하며 스님들을 생각할 마음을 내느니라. 사리불이여, 저 불국토는 이와 같은 공덕장엄으로 이루어졌느니라.

사리불이여, 저 부처님을 어찌하여 아미타불이라 하는 줄 아는가? 사리불이여, 저 부처님의 광명이 한량없어 시방세계를 두루 비춤에 조금도 걸림이 없기 때문에 아미타불이라 하느니라. 사리불이여, 또한 저 부처님의 수명과 그 나라 백성의 수명이 한량없고 끝이 없는 아승지겁이므로 아미타불이라 하나니, 아미타불이 성불한 지도 벌써 십겁이 되었느니라.

사리불이여, 저 부처님에게는 헤아릴 수 없

이 많은 성문 제자들이 있으니 모두가 아라

한으로, 그 수효는 어떤 산수로도 헤아릴

수 없으며, 보살 대중의 수도 또한 그러하

니라. 사리불이여, 저 불국토는 이와 같은

공덕장엄으로 이루어졌느니라.

사리불이여, 극락세계에 태어나는 중생들은

다 보리심에서 물러나지 않는 이들이며, 그

가운데는 일생보처에 이른 이들이 수없이

많아 산수로는 알 수 없으며, 다만 무량무

변아승지로 말할 뿐이니라.

사리불이여, 이 말을 들은 중생들은 마땅히

서원을 발하되, 저 나라에 가서 태어나기를

원해야 할 것이니라. 왜냐 하면 저 세계에

나면 이와 같이 으뜸가는 여러 선인들과 한

데 모여 살 수 있기 때문이니라.

사리불이여, 작은 선근이나 복덕의 인연으

로는 저 세계에 가서 날 수가 없느니라.

사리불이여, 어떤 선남자 선여인이 있어 아미타불에 대한 법문을 듣고 하루나 이틀 혹은 사흘, 나흘, 닷새, 엿새, 이레 동안 한결같은 마음으로 아미타불의 명호를 외워 마음이 조금도 흐트러지지 않으면, 그 사람이 임종할 때에 아미타불이 여러 성인들과 함께 그 사람 앞에 나타나느니라. 그러면 그 사람은 목숨을 마칠 때에 마음이 휘둘리지 아니하여, 곧 아미타불의 극락세계에 왕생하게 되느니라. 사리불이여, 여래는 이러한 공덕이 있음을 보고 이와 같이 말하는 것이니, 어떤 중생이든지 이 말을 들으면 마땅히 저 국토에 가서 나기를 발원할지니라.

사리불이여, 여래가 지금 아미타불의 불가사의한 공덕을 찬탄한 것처럼, 동방에도 아축비불·수미상불·대수미불·수미광불·묘음불 등 항하사수 여러 부처님이 계시어,

각기 그 세계에서 삼천대천세계를 두루 덮는 큰 목소리로 정성을 다하여 연설하여 말씀하시되, 『너희들 중생들은 마땅히 불가사의한 공덕을 칭찬하신 모든 부처님이 호념하시는 이 경을 믿으라.』고 하시느니라.

사리불이여, 남방세계에도 일월등불·명문광불·대염견불·수미등불·무량정진불 등 항하사수 여러 부처님이 계시어, 각기 그 세계에서 삼천대천세계를 두루 덮는 큰 목소리로 정성을 다하여 연설하여 말씀하시되, 『너희들 중생들은 마땅히 불가사의한 공덕을 칭찬하신 모든 부처님이 호념하시는 이 경을 믿으라.』고 하시느니라.

사리불이여, 서방세계에도 무량수불·무량상불·무량당불·대광불·대명불·보상불·정광불 등 항하사수 여러 부처님이 계시어, 각기 그 세계에서 삼천대천세계를 두

루 덮는 큰 목소리로 정성을 다하여 연설하여 말씀하시되,『너희들 중생들은 마땅히 불가사의한 공덕을 칭찬하신 모든 부처님이 호념하시는 이 경을 믿으라.』고 하시느니라.

사리불이여, 북방세계에도 염견불·최승음불·난저불·일생불·망명불 등 항하사수 여러 부처님이 계시어, 각기 그 세계에서 삼천대천세계를 두루 덮는 큰 목소리로 정성을 다하여 연설하여 말씀하시되,『너희들 중생들은 마땅히 불가사의한 공덕을 칭찬하신 모든 부처님이 호념하시는 이 경을 믿으라.』고 하시느니라.

사리불이여, 하방세계에도 사자불·명문불·명광불·달마불·법당불·지법불 등 항하사수 여러 부처님이 계시어, 각기 그 세계에서 삼천대천세계를 두루 덮는 큰 목소리로 정성을 다하여 연설하여 말씀하시

되, 『너희들 중생들은 마땅히 불가사의한 공덕을 칭찬하신 모든 부처님이 호념하시는 이 경을 믿으라.』고 하시느니라.

사리불이여, 상방세계에도 범음불·수왕불·향상불·대염견불·잡색보화엄신불·사라수왕불·보화덕불·견일체의불·여수미산불 등 항하사수 여러 부처님이 계시어, 각기 그 세계에서 삼천대천세계를 두루 덮는 큰 목소리로 정성을 다하여 연설하여 말씀하시되, 『너희들 중생들은 마땅히 불가사의한 공덕을 칭찬하신 모든 부처님이 호념하시는 이 경을 믿으라.』고 하시느니라.

사리불이여, 어찌 하여 이 경을 모든 부처님들이 호념하는 경이라고 하는 줄 아느냐?

사리불이여, 어떤 선남자 선여인이 있어 만약 이 경을 듣고 받아 지니거나 부처님의 명호를 들으면, 이들 선남자 선여인 모두가

모든 부처님의 보호를 받아 위없이 바른 깨달음에서 물러서지 않기 때문이니라. 그러므로 너희들은 마땅히 나의 말과 모든 부처님이 말씀하신 바를 믿어야 하느니라.

사리불이여, 어떤 사람이 아미타불의 세계에 가서 나기를 이미 발원하였거나, 지금 발원하거나 혹은 장차 발원하여 아미타 불국토에 태어나고자 하면, 이 사람들은 모두 위없이 바른 깨달음에서 물러나지 아니하고, 저 세계에 벌써 났거나 지금 나거나 혹은 장차 날 것이니라. 그러므로 사리불이여, 선남자 선여인으로서 신심이 있는 자는 마땅히 저 세계에 나기를 발원해야 하느니라.

사리불이여, 여래가 지금 여러 부처님의 불가사의한 공덕을 찬탄하듯이, 저 모든 부처님들도 또한 나의 불가사의한 공덕을 칭찬하시기를, 『석가모니 부처님이 심히 어렵고

희유한 일을 이루었으니, 능히 겁탁, 견탁,

번뇌탁, 중생탁, 명탁 등의 사바세계의 오

탁악세에서 위없이 바른 깨달음을 얻고 중

생들을 위하여 세간에서 믿기 어려운 법을

설한다.』고 하시느니라.

사리불이여, 마땅히 알지니 여래가 오탁악

세에서 이렇게 어려운 일을 행하여 위없이

바른 깨달음을 얻고, 일체 세간을 위해 이

믿기 어려운 법을 설하는 것은 매우 어려우

니라.

부처님께서 이 경을 다 말씀하시니, 사리불

과 여러 비구들과 모든 세간의 천인·아수

라 등이 부처님의 말씀을 듣고, 기쁘게 믿

고 받아 예배하고 물러갔다.

나무 아미타불

불설아미타경

경전을 펴는 게송 (開經偈)

경전속의 미묘한법 세상제일 존귀하여

백천만겁 지나도록 만나뵙기 어려워라

제가이제 보고듣고 받아지녀 외우오니

부처님의 진실한뜻 알아지길 원합니다

법장을 여는 진언 (開法藏眞言)

『옴 아라남 아라다』 (세번)

불설아미타경

이와 같이 내가 들었다. 한때 부처님께서

사위국 기수급고독원에서 큰 비구 천이백오

십 인과 더불어 함께 계셨다. 그들은 모두

가 대아라한으로 여러 사람들에게 잘 알려진 이들이었으니 장로 사리불·마하목건련·마하가섭·마하가전련·마하구치라·이바다·주리반타가·난타·아난타·라후라·교범바제·빈두로파라타·가류타이·마하겁빈나·박구라·아누루타와 같은 큰 제자들이었다. 또한 보살마하살인 문수사리 법왕자를 비롯해 아일다보살·건타하제보살·상정진보살 등 여러 대보살과 석제환인 등 수많은 천인들과 더불어 함께 계셨다.

그때 부처님께서 장로 사리불에게 말씀하셨다. 여기에서 서쪽으로 십만억 불국토를 지난 곳에 한 세계가 있으니 이름이 극락이요, 거기에 부처님이 계시니 호가 아미타이시라, 지금도 법을 설하고 계시느니라.

사리불이여, 저 세계를 어찌하여 극락이라 하는 줄 아는가? 그 세계에 있는 중생들은

아무 괴로움도 없고 다만 즐거움만 누리므로 극락이라 하느니라.

그리고 사리불아, 극락세계에는 일곱 겹으로 된 난간과 일곱 겹 나망과 일곱 겹 가로수가 있는데, 금·은·청옥·수정의 네 가지 보배로 두루두루 둘러싸여 있으므로 그 나라를 또한 극락이라 하느니라.

사리불이여, 또 극락세계에서는 칠보로 된 연못이 있으니, 여덟 가지 공덕이 있는 물로 가득 찼으며, 연못 바닥엔 깨끗한 금모래가 깔려 있느니라. 연못 둘레에는 금·은·유리·파려 등 네 가지 보배로 이루어진 층계가 있고, 그 위에 누각이 있어 금·은·유리·파려·자거·적진주·마노 등으로 찬란하게 꾸며져 있느니라.

그리고 연못 가운데 핀 연꽃은 크기가 큰 수레바퀴만하여, 푸른 꽃에서는 푸른 광채

가 나고, 누런 꽃에서는 누런 광채가 나며, 붉은 꽃에서는 붉은 광채가 나고, 흰 꽃에서는 흰 광채가 나서 이를 데 없이 향기롭고 정결하니라. 사리불이여, 극락세계는 이와 같은 공덕장엄으로 이루어졌느니라.

사리불이여, 또한 저 부처님 나라에는 항상 천상의 음악이 울리며, 황금으로 땅을 이루고, 주야 육시로 천상의 만다라 꽃비가 내리느니라. 그 나라 사람들은 항상 이른 아침마다 바구니에 온갖 아름다운 꽃을 담아 가지고 다른 세계에 계시는 십만억 부처님께 공양하고, 아침 시간 전에 돌아와 식사를 마치고 경행하느니라. 사리불이여, 극락세계는 이와 같은 공덕장엄으로 이루어졌느니라.

사리불이여, 또한 저 나라에는 항상 가지가지 기묘한 여러 빛깔을 가진 백학·공작·

앵무새·사리새·가릉빈가·공명조 등의 새가 있어서, 이들 새의 무리들이 주야 육시로 항상 조화롭고 맑은 소리를 내는데, 그 아름다운 소리에서는 오근, 오력, 칠보리분, 팔정도 등의 법을 설하는 소리가 흘러나오느니라. 그 나라 중생들은 그 소리를 들으면, 부처님을 생각하고 법문을 생각하며 스님들을 생각하게 되느니라.

사리불이여, 그대는 저 새들이 죄업으로 인하여 생긴 것이라 생각하지 말라. 왜냐 하면 저 불국토에는 삼악도가 없기 때문이니라. 사리불이여, 저 세계에는 악도라는 이름도 없거늘 어찌 실제로 그런 것이 있겠는가. 이들 여러 새들은 모두 아미타불께서 법문을 설하기 위해 화현으로 만든 것이니라.

사리불이여, 저 불국토에서는 약간의 바람만 불어도 보석으로 장식된 가로수와 나망

에서 아름다운 소리가 나는데, 그것은 마치 백천 가지 악기가 합주하는 것과 같으며, 이 소리를 듣는 사람은 모두가 저절로 부처님을 생각하고 법문을 생각하며 스님들을 생각할 마음을 내느니라. 사리불이여, 저 불국토는 이와 같은 공덕장엄으로 이루어졌느니라.

사리불이여, 저 부처님을 어찌하여 아미타불이라 하는 줄 아는가? 사리불이여, 저 부처님의 광명이 한량없어 시방세계를 두루 비춤에 조금도 걸림이 없기 때문에 아미타불이라 하느니라. 사리불이여, 또한 저 부처님의 수명과 그 나라 백성의 수명이 한량없고 끝이 없는 아승지겁이므로 아미타불이라 하나니, 아미타불이 성불한 지도 벌써 십겁이 되었느니라.

사리불이여, 저 부처님에게는 헤아릴 수 없

이 많은 성문 제자들이 있으니 모두가 아라한으로, 그 수효는 어떤 산수로도 헤아릴 수 없으며, 보살 대중의 수도 또한 그러하니라. 사리불이여, 저 불국토는 이와 같은 공덕장엄으로 이루어졌느니라.

사리불이여, 극락세계에 태어나는 중생들은 다 보리심에서 물러나지 않는 이들이며, 그 가운데는 일생보처에 이른 이들이 수없이 많아 산수로는 알 수 없으며, 다만 무량무변아승지로 말할 뿐이니라.

사리불이여, 이 말을 들은 중생들은 마땅히 서원을 발하되, 저 나라에 가서 태어나기를 원해야 할 것이니라. 왜냐 하면 저 세계에 나면 이와 같이 으뜸가는 여러 선인들과 한데 모여 살 수 있기 때문이니라.

사리불이여, 작은 선근이나 복덕의 인연으로는 저 세계에 가서 날 수가 없느니라.

사리불이여, 어떤 선남자 선여인이 있어 아미타불에 대한 법문을 듣고 하루나 이틀 혹은 사흘, 나흘, 닷새, 엿새, 이레 동안 한결같은 마음으로 아미타불의 명호를 외워 마음이 조금도 흐트러지지 않으면, 그 사람이 임종할 때에 아미타불이 여러 성인들과 함께 그 사람 앞에 나타나느니라. 그러면 그 사람은 목숨을 마칠 때에 마음이 휘둘리지 아니하여, 곧 아미타불의 극락세계에 왕생하게 되느니라. 사리불이여, 여래는 이러한 공덕이 있음을 보고 이와 같이 말하는 것이니, 어떤 중생이든지 이 말을 들으면 마땅히 저 국토에 가서 나기를 발원할지니라.

사리불이여, 여래가 지금 아미타불의 불가사의한 공덕을 찬탄한 것처럼, 동방에도 아축비불·수미상불·대수미불·수미광불·묘음불 등 항하사수 여러 부처님이 계시어,

각기 그 세계에서 삼천대천세계를 두루 덮는 큰 목소리로 정성을 다하여 연설하여 말씀하시되, 『너희들 중생들은 마땅히 불가사의한 공덕을 칭찬하신 모든 부처님이 호념하시는 이 경을 믿으라.』고 하시느니라.

사리불이여, 남방세계에도 일월등불·명문광불·대염견불·수미등불·무량정진불 등 항하사수 여러 부처님이 계시어, 각기 그 세계에서 삼천대천세계를 두루 덮는 큰 목소리로 정성을 다하여 연설하여 말씀하시되, 『너희들 중생들은 마땅히 불가사의한 공덕을 칭찬하신 모든 부처님이 호념하시는 이 경을 믿으라.』고 하시느니라.

사리불이여, 서방세계에도 무량수불·무량상불·무량당불·대광불·대명불·보상불·정광불 등 항하사수 여러 부처님이 계시어, 각기 그 세계에서 삼천대천세계를 두

루 덮는 큰 목소리로 정성을 다하여 연설하
여 말씀하시되,『너희들 중생들은 마땅히 불
가사의한 공덕을 칭찬하신 모든 부처님이
호념하시는 이 경을 믿으라.』고 하시느니라.
사리불이여, 북방세계에도 염견불·최승음
불·난저불·일생불·망명불 등 항하사수
여러 부처님이 계시어, 각기 그 세계에서
삼천대천세계를 두루 덮는 큰 목소리로 정
성을 다하여 연설하여 말씀하시되,『너희들
중생들은 마땅히 불가사의한 공덕을 칭찬하
신 모든 부처님이 호념하시는 이 경을 믿으
라.』고 하시느니라.
사리불이여, 하방세계에도 사자불·명문
불·명광불·달마불·법당불·지법불 등
항하사수 여러 부처님이 계시어, 각기 그
세계에서 삼천대천세계를 두루 덮는 큰 목
소리로 정성을 다하여 연설하여 말씀하시

되, 『너희들 중생들은 마땅히 불가사의한 공덕을 칭찬하신 모든 부처님이 호념하시는 이 경을 믿으라.』고 하시느니라.

사리불이여, 상방세계에도 범음불·수왕불·향상불·대염견불·잡색보화엄신불·사라수왕불·보화덕불·견일체의불·여수미산불 등 항하사수 여러 부처님이 계시어, 각기 그 세계에서 삼천대천세계를 두루 덮는 큰 목소리로 정성을 다하여 연설하여 말씀하시되, 『너희들 중생들은 마땅히 불가사의한 공덕을 칭찬하신 모든 부처님이 호념하시는 이 경을 믿으라.』고 하시느니라.

사리불이여, 어찌 하여 이 경을 모든 부처님들이 호념하는 경이라고 하는 줄 아느냐?

사리불이여, 어떤 선남자 선여인이 있어 만약 이 경을 듣고 받아 지니거나 부처님의 명호를 들으면, 이들 선남자 선여인 모두가

모든 부처님의 보호를 받아 위없이 바른 깨달음에서 물러서지 않기 때문이니라. 그러므로 너희들은 마땅히 나의 말과 모든 부처님이 말씀하신 바를 믿어야 하느니라.

사리불이여, 어떤 사람이 아미타불의 세계에 가서 나기를 이미 발원하였거나, 지금 발원하거나 혹은 장차 발원하여 아미타 불국토에 태어나고자 하면, 이 사람들은 모두 위없이 바른 깨달음에서 물러나지 아니하고, 저 세계에 벌써 났거나 지금 나거나 혹은 장차 날 것이니라. 그러므로 사리불이여, 선남자 선여인으로서 신심이 있는 자는 마땅히 저 세계에 나기를 발원해야 하느니라.

사리불이여, 여래가 지금 여러 부처님의 불가사의한 공덕을 찬탄하듯이, 저 모든 부처님들도 또한 나의 불가사의한 공덕을 칭찬하시기를, 『석가모니 부처님이 심히 어렵고

희유한 일을 이루었으니, 능히 겁탁, 견탁,

번뇌탁, 중생탁, 명탁 등의 사바세계의 오

탁악세에서 위없이 바른 깨달음을 얻고 중

생들을 위하여 세간에서 믿기 어려운 법을

설한다.』고 하시느니라.

사리불이여, 마땅히 알지니 여래가 오탁악

세에서 이렇게 어려운 일을 행하여 위없이

바른 깨달음을 얻고, 일체 세간을 위해 이

믿기 어려운 법을 설하는 것은 매우 어려우

니라.

부처님께서 이 경을 다 말씀하시니, 사리불

과 여러 비구들과 모든 세간의 천인·아수

라 등이 부처님의 말씀을 듣고, 기쁘게 믿

고 받아 예배하고 물러갔다.

나무 아미타불

불설아미타경

경전을 펴는 게송 (開經偈)

경전속의 미묘한법 세상제일 존귀하여

백천만겁 지나도록 만나뵙기 어려워라

제가이제 보고듣고 받아지녀 외우오니

부처님의 진실한뜻 알아지길 원합니다

법장을 여는 진언 (開法藏眞言)

『옴 아라남 아라다』 (세번)

불설아미타경

이와 같이 내가 들었다. 한때 부처님께서

사위국 기수급고독원에서 큰 비구 천이백오

십 인과 더불어 함께 계셨다. 그들은 모두

가 대 아라한으로 여러 사람들에게 잘 알려진 이들이었으니 장로 사리불·마하목건련·마하가섭·마하가전련·마하구치라·이바다·주리반타가·난타·아난타·라후라·교범바제·빈두로파라타·가류타이·마하겁빈나·박구라·아누루타와 같은 큰 제자들이었다. 또한 보살마하살인 문수사리법왕자를 비롯해 아일다보살·건타하제보살·상정진보살 등 여러 대보살과 석제환인 등 수많은 천인들과 더불어 함께 계셨다.

그때 부처님께서 장로 사리불에게 말씀하셨다. 여기에서 서쪽으로 십만억 불국토를 지난 곳에 한 세계가 있으니 이름이 극락이요, 거기에 부처님이 계시니 호가 아미타이시라, 지금도 법을 설하고 계시느니라.

사리불이여, 저 세계를 어찌하여 극락이라 하는 줄 아는가? 그 세계에 있는 중생들은

아무 괴로움도 없고 다만 즐거움만 누리므로 극락이라 하느니라.

그리고 사리불아, 극락세계에는 일곱 겹으로 된 난간과 일곱 겹 나망과 일곱 겹 가로수가 있는데, 금·은·청옥·수정의 네 가지 보배로 두루두루 둘러싸여 있으므로 그 나라를 또한 극락이라 하느니라.

사리불이여, 또 극락세계에서는 칠보로 된 연못이 있으니, 여덟 가지 공덕이 있는 물로 가득 찼으며, 연못 바닥엔 깨끗한 금모래가 깔려 있느니라. 연못 둘레에는 금·은·유리·파려 등 네 가지 보배로 이루어진 층계가 있고, 그 위에 누각이 있어 금·은·유리·파려·자거·적진주·마노 등으로 찬란하게 꾸며져 있느니라.

그리고 연못 가운데 핀 연꽃은 크기가 큰 수레바퀴만하여, 푸른 꽃에서는 푸른 광채

가 나고, 누런 꽃에서는 누런 광채가 나며, 붉은 꽃에서는 붉은 광채가 나고, 흰 꽃에서는 흰 광채가 나서 이를 데 없이 향기롭고 정결하니라. 사리불이여, 극락세계는 이와 같은 공덕장엄으로 이루어졌느니라.

사리불이여, 또한 저 부처님 나라에는 항상 천상의 음악이 울리며, 황금으로 땅을 이루고, 주야 육시로 천상의 만다라 꽃비가 내리느니라. 그 나라 사람들은 항상 이른 아침마다 바구니에 온갖 아름다운 꽃을 담아 가지고 다른 세계에 계시는 십만억 부처님께 공양하고, 아침 시간 전에 돌아와 식사를 마치고 경행하느니라. 사리불이여, 극락세계는 이와 같은 공덕장엄으로 이루어졌느니라.

사리불이여, 또한 저 나라에는 항상 가지가지 기묘한 여러 빛깔을 가진 백학·공작·

앵무새·사리새·가릉빈가·공명조 등의 새가 있어서, 이들 새의 무리들이 주야 육시로 항상 조화롭고 맑은 소리를 내는데, 그 아름다운 소리에서는 오근, 오력, 칠보리분, 팔정도 등의 법을 설하는 소리가 흘러나오느니라. 그 나라 중생들은 그 소리를 들으면, 부처님을 생각하고 법문을 생각하며 스님들을 생각하게 되느니라.

사리불이여, 그대는 저 새들이 죄업으로 인하여 생긴 것이라 생각하지 말라. 왜냐 하면 저 불국토에는 삼악도가 없기 때문이니라. 사리불이여, 저 세계에는 악도라는 이름도 없거늘 어찌 실제로 그런 것이 있겠는가. 이들 여러 새들은 모두 아미타불께서 법문을 설하기 위해 화현으로 만든 것이니라.

사리불이여, 저 불국토에서는 약간의 바람만 불어도 보석으로 장식된 가로수와 나망

에서 아름다운 소리가 나는데, 그것은 마치 백천 가지 악기가 합주하는 것과 같으며, 이 소리를 듣는 사람은 모두가 저절로 부처님을 생각하고 법문을 생각하며 스님들을 생각할 마음을 내느니라. 사리불이여, 저 불국토는 이와 같은 공덕장엄으로 이루어졌느니라.

사리불이여, 저 부처님을 어찌하여 아미타불이라 하는 줄 아는가? 사리불이여, 저 부처님의 광명이 한량없어 시방세계를 두루 비춤에 조금도 걸림이 없기 때문에 아미타불이라 하느니라. 사리불이여, 또한 저 부처님의 수명과 그 나라 백성의 수명이 한량없고 끝이 없는 아승지겁이므로 아미타불이라 하나니, 아미타불이 성불한 지도 벌써 십겁이 되었느니라.

사리불이여, 저 부처님에게는 헤아릴 수 없

이 많은 성문 제자들이 있으니 모두가 아라한으로, 그 수효는 어떤 산수로도 헤아릴 수 없으며, 보살 대중의 수도 또한 그러하니라. 사리불이여, 저 불국토는 이와 같은 공덕장엄으로 이루어졌느니라.

사리불이여, 극락세계에 태어나는 중생들은 다 보리심에서 물러나지 않는 이들이며, 그 가운데는 일생보처에 이른 이들이 수없이 많아 산수로는 알 수 없으며, 다만 무량무변아승지로 말할 뿐이니라.

사리불이여, 이 말을 들은 중생들은 마땅히 서원을 발하되, 저 나라에 가서 태어나기를 원해야 할 것이니라. 왜냐 하면 저 세계에 나면 이와 같이 으뜸가는 여러 선인들과 한데 모여 살 수 있기 때문이니라.

사리불이여, 작은 선근이나 복덕의 인연으로는 저 세계에 가서 날 수가 없느니라.

사리불이여, 어떤 선남자 선여인이 있어 아미타불에 대한 법문을 듣고 하루나 이틀 혹은 사흘, 나흘, 닷새, 엿새, 이레 동안 한결같은 마음으로 아미타불의 명호를 외워 마음이 조금도 흐트러지지 않으면, 그 사람이 임종할 때에 아미타불이 여러 성인들과 함께 그 사람 앞에 나타나느니라. 그러면 그 사람은 목숨을 마칠 때에 마음이 휘둘리지 아니하여, 곧 아미타불의 극락세계에 왕생하게 되느니라. 사리불이여, 여래는 이러한 공덕이 있음을 보고 이와 같이 말하는 것이니, 어떤 중생이든지 이 말을 들으면 마땅히 저 국토에 가서 나기를 발원할지니라.

사리불이여, 여래가 지금 아미타불의 불가사의한 공덕을 찬탄한 것처럼, 동방에도 아축비불·수미상불·대수미불·수미광불·묘음불 등 항하사수 여러 부처님이 계시어,

각기 그 세계에서 삼천대천세계를 두루 덮는 큰 목소리로 정성을 다하여 연설하여 말씀하시되,『너희들 중생들은 마땅히 불가사의한 공덕을 칭찬하신 모든 부처님이 호념하시는 이 경을 믿으라.』고 하시느니라.

사리불이여, 남방세계에도 일월등불·명문광불·대염견불·수미등불·무량정진불 등 항하사수 여러 부처님이 계시어, 각기 그 세계에서 삼천대천세계를 두루 덮는 큰 목소리로 정성을 다하여 연설하여 말씀하시되,『너희들 중생들은 마땅히 불가사의한 공덕을 칭찬하신 모든 부처님이 호념하시는 이 경을 믿으라.』고 하시느니라.

사리불이여, 서방세계에도 무량수불·무량상불·무량당불·대광불·대명불·보상불·정광불 등 항하사수 여러 부처님이 계시어, 각기 그 세계에서 삼천대천세계를 두

루 덮는 큰 목소리로 정성을 다하여 연설하여 말씀하시되, 『너희들 중생들은 마땅히 불가사의한 공덕을 칭찬하신 모든 부처님이 호념하시는 이 경을 믿으라.』고 하시느니라.

사리불이여, 북방세계에도 염견불·최승음불·난저불·일생불·망명불 등 항하사수 여러 부처님이 계시어, 각기 그 세계에서 삼천대천세계를 두루 덮는 큰 목소리로 정성을 다하여 연설하여 말씀하시되, 『너희들 중생들은 마땅히 불가사의한 공덕을 칭찬하신 모든 부처님이 호념하시는 이 경을 믿으라.』고 하시느니라.

사리불이여, 하방세계에도 사자불·명문불·명광불·달마불·법당불·지법불 등 항하사수 여러 부처님이 계시어, 각기 그 세계에서 삼천대천세계를 두루 덮는 큰 목소리로 정성을 다하여 연설하여 말씀하시

되, 『너희들 중생들은 마땅히 불가사의한 공덕을 칭찬하신 모든 부처님이 호념하시는 이 경을 믿으라.』고 하시느니라.

사리불이여, 상방세계에도 범음불·수왕불·향상불·대염견불·잡색보화엄신불·사라수왕불·보화덕불·견일체의불·여수미산불 등 항하사수 여러 부처님이 계시어, 각기 그 세계에서 삼천대천세계를 두루 덮는 큰 목소리로 정성을 다하여 연설하여 말씀하시되, 『너희들 중생들은 마땅히 불가사의한 공덕을 칭찬하신 모든 부처님이 호념하시는 이 경을 믿으라.』고 하시느니라.

사리불이여, 어찌 하여 이 경을 모든 부처님들이 호념하는 경이라고 하는 줄 아느냐?

사리불이여, 어떤 선남자 선여인이 있어 만약 이 경을 듣고 받아 지니거나 부처님의 명호를 들으면, 이들 선남자 선여인 모두가

모든 부처님의 보호를 받아 위없이 바른 깨달음에서 물러서지 않기 때문이니라. 그러므로 너희들은 마땅히 나의 말과 모든 부처님이 말씀하신 바를 믿어야 하느니라.

사리불이여, 어떤 사람이 아미타불의 세계에 가서 나기를 이미 발원하였거나, 지금 발원하거나 혹은 장차 발원하여 아미타 불국토에 태어나고자 하면, 이 사람들은 모두 위없이 바른 깨달음에서 물러나지 아니하고, 저 세계에 벌써 났거나 지금 나거나 혹은 장차 날 것이니라. 그러므로 사리불이여, 선남자 선여인으로서 신심이 있는 자는 마땅히 저 세계에 나기를 발원해야 하느니라.

사리불이여, 여래가 지금 여러 부처님의 불가사의한 공덕을 찬탄하듯이, 저 모든 부처님들도 또한 나의 불가사의한 공덕을 칭찬하시기를, 『석가모니 부처님이 심히 어렵고

희유한 일을 이루었으니, 능히 겁탁, 견탁,

번뇌탁, 중생탁, 명탁 등의 사바세계의 오

탁악세에서 위없이 바른 깨달음을 얻고 중

생들을 위하여 세간에서 믿기 어려운 법을

설한다.』고 하시느니라.

사리불이여, 마땅히 알지니 여래가 오탁악

세에서 이렇게 어려운 일을 행하여 위없이

바른 깨달음을 얻고, 일체 세간을 위해 이

믿기 어려운 법을 설하는 것은 매우 어려우

니라.

부처님께서 이 경을 다 말씀하시니, 사리불

과 여러 비구들과 모든 세간의 천인·아수

라 등이 부처님의 말씀을 듣고, 기쁘게 믿

고 받아 예배하고 물러갔다.

나무 아미타불

불기 25 년   월   일   사경

불설아미타경

경전을 펴는 게송 (開經偈)

경전속의 미묘한법 세상제일 존귀하여

백천만겁 지나도록 만나뵙기 어려워라

제가이제 보고듣고 받아지녀 외우오니

부처님의 진실한뜻 알아지길 원합니다

법장을 여는 진언 (開法藏眞言)

『옴 아라남 아라다』 (세번)

불설아미타경

이와 같이 내가 들었다. 한때 부처님께서

사위국 기수급고독원에서 큰 비구 천이백오

십 인과 더불어 함께 계셨다. 그들은 모두

가 대 아라한으로 여러 사람들에게 잘 알려진 이들이었으니 장로 사리불·마하목건련·마하가섭·마하가전련·마하구치라·이바다·주리반타가·난타·아난타·라후라·교범바제·빈두로파라타·가류타이·마하겁빈나·박구리·아누루타와 같은 큰 제자들이었다. 또한 보살마하살인 문수사리 법왕자를 비롯해 아일다보살·건타하제보살·상정진보살 등 여러 대보살과 석제환인 등 수많은 천인들과 더불어 함께 계셨다.

그때 부처님께서 장로 사리불에게 말씀하셨다. 여기에서 서쪽으로 십만억 불국토를 지난 곳에 한 세계가 있으니 이름이 극락이요, 거기에 부처님이 계시니 호가 아미타이시라, 지금도 법을 설하고 계시느니라.

사리불이여, 저 세계를 어찌하여 극락이라 하는 줄 아는가? 그 세계에 있는 중생들은

아무 괴로움도 없고 다만 즐거움만 누리므로 극락이라 하느니라.

그리고 사리불아, 극락세계에는 일곱 겹으로 된 난간과 일곱 겹 나망과 일곱 겹 가로수가 있는데, 금·은·청옥·수정의 네 가지 보배로 두루두루 둘러싸여 있으므로 그 나라를 또한 극락이라 하느니라.

사리불이여, 또 극락세계에서는 칠보로 된 연못이 있으니, 여덟 가지 공덕이 있는 물로 가득 찼으며, 연못 바닥엔 깨끗한 금모래가 깔려 있느니라. 연못 둘레에는 금·은·유리·파려 등 네 가지 보배로 이루어진 층계가 있고, 그 위에 누각이 있어 금·은·유리·파려·자거·적진주·마노 등으로 찬란하게 꾸며져 있느니라.

그리고 연못 가운데 핀 연꽃은 크기가 큰 수레바퀴만하여, 푸른 꽃에서는 푸른 광채

가 나고, 누런 꽃에서는 누런 광채가 나며, 붉은 꽃에서는 붉은 광채가 나고, 흰 꽃에서는 흰 광채가 나서 이를 데 없이 향기롭고 정결하니라. 사리불이여, 극락세계는 이와 같은 공덕장엄으로 이루어졌느니라.

사리불이여, 또한 저 부처님 나라에는 항상 천상의 음악이 울리며, 황금으로 땅을 이루고, 주야 육시로 천상의 만다라 꽃비가 내리느니라. 그 나라 사람들은 항상 이른 아침마다 바구니에 온갖 아름다운 꽃을 담아 가지고 다른 세계에 계시는 십만억 부처님께 공양하고, 아침 시간 전에 돌아와 식사를 마치고 경행하느니라. 사리불이여, 극락세계는 이와 같은 공덕장엄으로 이루어졌느니라.

사리불이여, 또한 저 나라에는 항상 가지가지 기묘한 여러 빛깔을 가진 백학·공작·

앵무새·사리새·가릉빈가·공명조 등의 새가 있어서, 이들 새의 무리들이 주야 육시로 항상 조화롭고 맑은 소리를 내는데, 그 아름다운 소리에서는 오근, 오력, 칠보리분, 팔정도 등의 법을 설하는 소리가 흘러나오느니라. 그 나라 중생들은 그 소리를 들으면, 부처님을 생각하고 법문을 생각하며 스님들을 생각하게 되느니라.

사리불이여, 그대는 저 새들이 죄업으로 인하여 생긴 것이라 생각하지 말라. 왜냐 하면 저 불국토에는 삼악도가 없기 때문이니라. 사리불이여, 저 세계에는 악도라는 이름도 없거늘 어찌 실제로 그런 것이 있겠는가. 이들 여러 새들은 모두 아미타불께서 법문을 설하기 위해 화현으로 만든 것이니라.

사리불이여, 저 불국토에서는 약간의 바람만 불어도 보석으로 장식된 가로수와 나망

에서 아름다운 소리가 나는데, 그것은 마치 백천 가지 악기가 합주하는 것과 같으며, 이 소리를 듣는 사람은 모두가 저절로 부처님을 생각하고 법문을 생각하며 스님들을 생각할 마음을 내느니라. 사리불이여, 저 불국토는 이와 같은 공덕장엄으로 이루어졌느니라.

사리불이여, 저 부처님을 어찌하여 아미타불이라 하는 줄 아는가? 사리불이여, 저 부처님의 광명이 한량없어 시방세계를 두루 비춤에 조금도 걸림이 없기 때문에 아미타불이라 하느니라. 사리불이여, 또한 저 부처님의 수명과 그 나라 백성의 수명이 한량없고 끝이 없는 아승지겁이므로 아미타불이라 하나니, 아미타불이 성불한 지도 벌써 십겁이 되었느니라.

사리불이여, 저 부처님에게는 헤아릴 수 없

이 많은 성문 제자들이 있으니 모두가 아라
한으로, 그 수효는 어떤 산수로도 헤아릴
수 없으며, 보살 대중의 수도 또한 그러하
니라. 사리불이여, 저 불국토는 이와 같은
공덕장엄으로 이루어졌느니라.

사리불이여, 극락세계에 태어나는 중생들은
다 보리심에서 물러나지 않는 이들이며, 그
가운데는 일생보처에 이른 이들이 수없이
많아 산수로는 알 수 없으며, 다만 무량무
변아승지로 말할 뿐이니라.

사리불이여, 이 말을 들은 중생들은 마땅히
서원을 발하되, 저 나라에 가서 태어나기를
원해야 할 것이니라. 왜냐 하면 저 세계에
나면 이와 같이 으뜸가는 여러 선인들과 한
데 모여 살 수 있기 때문이니라.

사리불이여, 작은 선근이나 복덕의 인연으
로는 저 세계에 가서 날 수가 없느니라.

사리불이여, 어떤 선남자 선여인이 있어 아미타불에 대한 법문을 듣고 하루나 이틀 혹은 사흘, 나흘, 닷새, 엿새, 이레 동안 한결같은 마음으로 아미타불의 명호를 외워 마음이 조금도 흐트러지지 않으면, 그 사람이 임종할 때에 아미타불이 여러 성인들과 함께 그 사람 앞에 나타나느니라. 그러면 그 사람은 목숨을 마칠 때에 마음이 휘둘리지 아니하여, 곧 아미타불의 극락세계에 왕생하게 되느니라. 사리불이여, 여래는 이러한 공덕이 있음을 보고 이와 같이 말하는 것이니, 어떤 중생이든지 이 말을 들으면 마땅히 저 국토에 가서 나기를 발원할지니라.

사리불이여, 여래가 지금 아미타불의 불가사의한 공덕을 찬탄한 것처럼, 동방에도 아축비불·수미상불·대수미불·수미광불·묘음불 등 항하사수 여러 부처님이 계시어,

각기 그 세계에서 삼천대천세계를 두루 덮는 큰 목소리로 정성을 다하여 연설하여 말씀하시되,『너희들 중생들은 마땅히 불가사의한 공덕을 칭찬하신 모든 부처님이 호념하시는 이 경을 믿으라.』고 하시느니라.

사리불이여, 남방세계에도 일월등불·명문광불·대염견불·수미등불·무량정진불 등 항하사수 여러 부처님이 계시어, 각기 그 세계에서 삼천대천세계를 두루 덮는 큰 목소리로 정성을 다하여 연설하여 말씀하시되,『너희들 중생들은 마땅히 불가사의한 공덕을 칭찬하신 모든 부처님이 호념하시는 이 경을 믿으라.』고 하시느니라.

사리불이여, 서방세계에도 무량수불·무량상불·무량당불·대광불·대명불·보상불·정광불 등 항하사수 여러 부처님이 계시어, 각기 그 세계에서 삼천대천세계를 두

루 덮는 큰 목소리로 정성을 다하여 연설하여 말씀하시되, 『너희들 중생들은 마땅히 불가사의한 공덕을 칭찬하신 모든 부처님이 호념하시는 이 경을 믿으라.』고 하시느니라.

사리불이여, 북방세계에도 염견불·최승음불·난저불·일생불·망명불 등 항하사수 여러 부처님이 계시어, 각기 그 세계에서 삼천대천세계를 두루 덮는 큰 목소리로 정성을 다하여 연설하여 말씀하시되, 『너희들 중생들은 마땅히 불가사의한 공덕을 칭찬하신 모든 부처님이 호념하시는 이 경을 믿으라.』고 하시느니라.

사리불이여, 하방세계에도 사자불·명문불·명광불·달마불·법당불·지법불 등 항하사수 여러 부처님이 계시어, 각기 그 세계에서 삼천대천세계를 두루 덮는 큰 목소리로 정성을 다하여 연설하여 말씀하시

되, 『너희들 중생들은 마땅히 불가사의한 공덕을 칭찬하신 모든 부처님이 호념하시는 이 경을 믿으라.』고 하시느니라.

사리불이여, 상방세계에도 범음불·수왕불·향상불·대염견불·잡색보화엄신불·사라수왕불·보화덕불·견일체의불·여수미산불 등 항하사수 여러 부처님이 계시어, 각기 그 세계에서 삼천대천세계를 두루 덮는 큰 목소리로 정성을 다하여 연설하여 말씀하시되, 『너희들 중생들은 마땅히 불가사의한 공덕을 칭찬하신 모든 부처님이 호념하시는 이 경을 믿으라.』고 하시느니라.

사리불이여, 어찌 하여 이 경을 모든 부처님들이 호념하는 경이라고 하는 줄 아느냐?

사리불이여, 어떤 선남자 선여인이 있어 만약 이 경을 듣고 받아 지니거나 부처님의 명호를 들으면, 이들 선남자 선여인 모두가

모든 부처님의 보호를 받아 위없이 바른 깨
달음에서 물러서지 않기 때문이니라. 그러
므로 너희들은 마땅히 나의 말과 모든 부처
님이 말씀하신 바를 믿어야 하느니라.
사리불이여, 어떤 사람이 아미타불의 세계
에 가서 나기를 이미 발원하였거나, 지금 발
원하거나 혹은 장차 발원하여 아미타 불국
토에 태어나고자 하면, 이 사람들은 모두 위
없이 바른 깨달음에서 물러나지 아니하고,
저 세계에 벌써 났거나 지금 나거나 혹은 장
차 날 것이니라. 그러므로 사리불이여, 선남
자 선여인으로서 신심이 있는 자는 마땅히
저 세계에 나기를 발원해야 하느니라.
사리불이여, 여래가 지금 여러 부처님의 불
가사의한 공덕을 찬탄하듯이, 저 모든 부처
님들도 또한 나의 불가사의한 공덕을 칭찬
하시기를, 『석가모니 부처님이 심히 어렵고

희유한 일을 이루었으니, 능히 겁탁, 견탁,
번뇌탁, 중생탁, 명탁 등의 사바세계의 오
탁악세에서 위없이 바른 깨달음을 얻고 중
생들을 위하여 세간에서 믿기 어려운 법을
설한다.』고 하시느니라.

사리불이여, 마땅히 알지니 여래가 오탁악
세에서 이렇게 어려운 일을 행하여 위없이
바른 깨달음을 얻고, 일체 세간을 위해 이
믿기 어려운 법을 설하는 것은 매우 어려우
니라.

부처님께서 이 경을 다 말씀하시니, 사리불
과 여러 비구들과 모든 세간의 천인·아수
라 등이 부처님의 말씀을 듣고, 기쁘게 믿
고 받아 예배하고 물러갔다.

나무 아미타불

불기 25 년   월   일   사경

불설아미타경

경전을 펴는 게송 (開經偈)

경전속의 미묘한법 세상제일 존귀하여

백천만겁 지나도록 만나뵙기 어려워라

제가이제 보고듣고 받아지녀 외우오니

부처님의 진실한뜻 알아지길 원합니다

법장을 여는 진언 (開法藏眞言)

『옴 아라남 아라다』 (세번)

불설아미타경

이와 같이 내가 들었다. 한때 부처님께서

사위국 기수급고독원에서 큰 비구 천이백오

십 인과 더불어 함께 계셨다. 그들은 모두

가 대 아라한으로 여러 사람들에게 잘 알려진 이들이었으니 장로 사리불·마하목건련·마하가섭·마하가전련·마하구치라·이바다·주리반타가·난타·아난타·라후라·교범바제·빈두로파라타·가류타이·마하겁빈나·박구라·아누루타와 같은 큰 제자들이었다. 또한 보살마하살인 문수사리 법왕자를 비롯해 아일다보살·건타하제보살·상정진보살 등 여러 대보살과 석제환인 등 수많은 천인들과 더불어 함께 계셨다.

그때 부처님께서 장로 사리불에게 말씀하셨다. 여기에서 서쪽으로 십만억 불국토를 지난 곳에 한 세계가 있으니 이름이 극락이요, 거기에 부처님이 계시니 호가 아미타이시라, 지금도 법을 설하고 계시느니라.

사리불이여, 저 세계를 어찌하여 극락이라 하는 줄 아는가? 그 세계에 있는 중생들은

아무 괴로움도 없고 다만 즐거움만 누리므로 극락이라 하느니라.

그리고 사리불아, 극락세계에는 일곱 겹으로 된 난간과 일곱 겹 나망과 일곱 겹 가로수가 있는데, 금·은·청옥·수정의 네 가지 보배로 두루두루 둘러싸여 있으므로 그 나라를 또한 극락이라 하느니라.

사리불이여, 또 극락세계에서는 칠보로 된 연못이 있으니, 여덟 가지 공덕이 있는 물로 가득 찼으며, 연못 바닥엔 깨끗한 금모래가 깔려 있느니라. 연못 둘레에는 금·은·유리·파려 등 네 가지 보배로 이루어진 층계가 있고, 그 위에 누각이 있어 금·은·유리·파려·자거·적진주·마노 등으로 찬란하게 꾸며져 있느니라.

그리고 연못 가운데 핀 연꽃은 크기가 큰 수레바퀴만하여, 푸른 꽃에서는 푸른 광채

사
경
본

76

가 나고, 누런 꽃에서는 누런 광채가 나며, 붉은 꽃에서는 붉은 광채가 나고, 흰 꽃에서는 흰 광채가 나서 이를 데 없이 향기롭고 정결하니라. 사리불이여, 극락세계는 이와 같은 공덕장엄으로 이루어졌느니라.

사리불이여, 또한 저 부처님 나라에는 항상 천상의 음악이 울리며, 황금으로 땅을 이루고, 주야 육시로 천상의 만다라 꽃비가 내리느니라. 그 나라 사람들은 항상 이른 아침마다 바구니에 온갖 아름다운 꽃을 담아 가지고 다른 세계에 계시는 십만억 부처님께 공양하고, 아침 시간 전에 돌아와 식사를 마치고 경행하느니라. 사리불이여, 극락세계는 이와 같은 공덕장엄으로 이루어졌느니라.

사리불이여, 또한 저 나라에는 항상 가지가지 기묘한 여러 빛깔을 가진 백학·공작·

앵무새 · 사리새 · 가릉빈가 · 공명조 등의 새가 있어서, 이들 새의 무리들이 주야 육시로 항상 조화롭고 맑은 소리를 내는데, 그 아름다운 소리에서는 오근, 오력, 칠보리분, 팔정도 등의 법을 설하는 소리가 흘러나오느니라. 그 나라 중생들은 그 소리를 들으면, 부처님을 생각하고 법문을 생각하며 스님들을 생각하게 되느니라.

사리불이여, 그대는 저 새들이 죄업으로 인하여 생긴 것이라 생각하지 말라. 왜냐 하면 저 불국토에는 삼악도가 없기 때문이니라.

사리불이여, 저 세계에는 악도라는 이름도 없거늘 어찌 실제로 그런 것이 있겠는가. 이들 여러 새들은 모두 아미타불께서 법문을 설하기 위해 화현으로 만든 것이니라.

사리불이여, 저 불국토에서는 약간의 바람만 불어도 보석으로 장식된 가로수와 나망

에서 아름다운 소리가 나는데, 그것은 마치 백천 가지 악기가 합주하는 것과 같으며, 이 소리를 듣는 사람은 모두가 저절로 부처님을 생각하고 법문을 생각하며 스님들을 생각할 마음을 내느니라. 사리불이여, 저 불국토는 이와 같은 공덕장엄으로 이루어졌느니라.

사리불이여, 저 부처님을 어찌하여 아미타불이라 하는 줄 아는가? 사리불이여, 저 부처님의 광명이 한량없어 시방세계를 두루 비춤에 조금도 걸림이 없기 때문에 아미타불이라 하느니라. 사리불이여, 또한 저 부처님의 수명과 그 나라 백성의 수명이 한량없고 끝이 없는 아승지겁이므로 아미타불이라 하나니, 아미타불이 성불한 지도 벌써 십겁이 되었느니라.

사리불이여, 저 부처님에게는 헤아릴 수 없

이 많은 성문 제자들이 있으니 모두가 아라

한으로, 그 수효는 어떤 산수로도 헤아릴

수 없으며, 보살 대중의 수도 또한 그러하

니라. 사리불이여, 저 불국토는 이와 같은

공덕장엄으로 이루어졌느니라.

사리불이여, 극락세계에 태어나는 중생들은

다 보리심에서 물러나지 않는 이들이며, 그

가운데는 일생보처에 이른 이들이 수없이

많아 산수로는 알 수 없으며, 다만 무량무

변아승지로 말할 뿐이니라.

사리불이여, 이 말을 들은 중생들은 마땅히

서원을 발하되, 저 나라에 가서 태어나기를

원해야 할 것이니라. 왜냐 하면 저 세계에

나면 이와 같이 으뜸가는 여러 선인들과 한

데 모여 살 수 있기 때문이니라.

사리불이여, 작은 선근이나 복덕의 인연으

로는 저 세계에 가서 날 수가 없느니라.

사리불이여, 어떤 선남자 선여인이 있어 아미타불에 대한 법문을 듣고 하루나 이틀 혹은 사흘, 나흘, 닷새, 엿새, 이레 동안 한결같은 마음으로 아미타불의 명호를 외워 마음이 조금도 흐트러지지 않으면, 그 사람이 임종할 때에 아미타불이 여러 성인들과 함께 그 사람 앞에 나타나느니라. 그러면 그 사람은 목숨을 마칠 때에 마음이 휘둘리지 아니하여, 곧 아미타불의 극락세계에 왕생하게 되느니라. 사리불이여, 여래는 이러한 공덕이 있음을 보고 이와 같이 말하는 것이니, 어떤 중생이든지 이 말을 들으면 마땅히 저 국토에 가서 나기를 발원할지니라.

사리불이여, 여래가 지금 아미타불의 불가사의한 공덕을 찬탄한 것처럼, 동방에도 아축비불·수미상불·대수미불·수미광불·묘음불 등 항하사수 여러 부처님이 계시어,

각기 그 세계에서 삼천대천세계를 두루 덮는 큰 목소리로 정성을 다하여 연설하여 말씀하시되,『너희들 중생들은 마땅히 불가사의한 공덕을 칭찬하신 모든 부처님이 호념하시는 이 경을 믿으라.』고 하시느니라.

사리불이여, 남방세계에도 일월등불·명문광불·대염견불·수미등불·무량정진불 등 항하사수 여러 부처님이 계시어, 각기 그 세계에서 삼천대천세계를 두루 덮는 큰 목소리로 정성을 다하여 연설하여 말씀하시되,『너희들 중생들은 마땅히 불가사의한 공덕을 칭찬하신 모든 부처님이 호념하시는 이 경을 믿으라.』고 하시느니라.

사리불이여, 서방세계에도 무량수불·무량상불·무량당불·대광불·대명불·보상불·정광불 등 항하사수 여러 부처님이 계시어, 각기 그 세계에서 삼천대천세계를 두

루 덮는 큰 목소리로 정성을 다하여 연설하여 말씀하시되,『너희들 중생들은 마땅히 불가사의한 공덕을 칭찬하신 모든 부처님이 호념하시는 이 경을 믿으라.』고 하시느니라.

사리불이여, 북방세계에도 염견불·최승음불·난저불·일생불·망명불 등 항하사수 여러 부처님이 계시어, 각기 그 세계에서 삼천대천세계를 두루 덮는 큰 목소리로 정성을 다하여 연설하여 말씀하시되,『너희들 중생들은 마땅히 불가사의한 공덕을 칭찬하신 모든 부처님이 호념하시는 이 경을 믿으라.』고 하시느니라.

사리불이여, 하방세계에도 사자불·명문불·명광불·달마불·법당불·지법불 등 항하사수 여러 부처님이 계시어, 각기 그 세계에서 삼천대천세계를 두루 덮는 큰 목소리로 정성을 다하여 연설하여 말씀하시

되, 『너희들 중생들은 마땅히 불가사의한 공덕을 칭찬하신 모든 부처님이 호념하시는 이 경을 믿으라.』고 하시느니라.

사리불이여, 상방세계에도 범음불·수왕불·향상불·대염견불·잡색보화엄신불·사라수왕불·보화덕불·견일체의불·여수미산불 등 항하사수 여러 부처님이 계시어, 각기 그 세계에서 삼천대천세계를 두루 덮는 큰 목소리로 정성을 다하여 연설하여 말씀하시되, 『너희들 중생들은 마땅히 불가사의한 공덕을 칭찬하신 모든 부처님이 호념하시는 이 경을 믿으라.』고 하시느니라.

사리불이여, 어찌 하여 이 경을 모든 부처님들이 호념하는 경이라고 하는 줄 아느냐?

사리불이여, 어떤 선남자 선여인이 있어 만약 이 경을 듣고 받아 지니거나 부처님의 명호를 들으면, 이들 선남자 선여인 모두가

모든 부처님의 보호를 받아 위없이 바른 깨
달음에서 물러서지 않기 때문이니라. 그러
므로 너희들은 마땅히 나의 말과 모든 부처
님이 말씀하신 바를 믿어야 하느니라.

사리불이여, 어떤 사람이 아미타불의 세계
에 가서 나기를 이미 발원하였거나, 지금 발
원하거나 혹은 장차 발원하여 아미타 불국
토에 태어나고자 하면, 이 사람들은 모두 위
없이 바른 깨달음에서 물러나지 아니하고,
저 세계에 벌써 났거나 지금 나거나 혹은 장
차 날 것이니라. 그러므로 사리불이여, 선남
자 선여인으로서 신심이 있는 자는 마땅히
저 세계에 나기를 발원해야 하느니라.

사리불이여, 여래가 지금 여러 부처님의 불
가사의한 공덕을 찬탄하듯이, 저 모든 부처
님들도 또한 나의 불가사의한 공덕을 칭찬
하시기를, 『석가모니 부처님이 심히 어렵고

희유한 일을 이루었으니, 능히 겁탁, 견탁,

번뇌탁, 중생탁, 명탁 등의 사바세계의 오

탁악세에서 위없이 바른 깨달음을 얻고 중

생들을 위하여 세간에서 믿기 어려운 법을

설한다.』고 하시느니라.

사리불이여, 마땅히 알지니 여래가 오탁악

세에서 이렇게 어려운 일을 행하여 위없이

바른 깨달음을 얻고, 일체 세간을 위해 이

믿기 어려운 법을 설하는 것은 매우 어려우

니라.

부처님께서 이 경을 다 말씀하시니, 사리불

과 여러 비구들과 모든 세간의 천인·아수

라 등이 부처님의 말씀을 듣고, 기쁘게 믿

고 받아 예배하고 물러갔다.

나무 아미타불

불설아미타경

경전을 펴는 게송(開經偈)

경전속의 미묘한법 세상제일 존귀하여

백천만겁 지나도록 만나뵙기 어려워라

제가이제 보고듣고 받아지녀 외우오니

부처님의 진실한뜻 알아지길 원합니다

법장을 여는 진언(開法藏眞言)

『옴 아라남 아라다』(세번)

불설아미타경

이와 같이 내가 들었다. 한때 부처님께서

사위국 기수급고독원에서 큰 비구 천이백오

십 인과 더불어 함께 계셨다. 그들은 모두

가 대 아라한으로 여러 사람들에게 잘 알려진 이들이었으니 장로 사리불·마하목건련·마하가섭·마하가전련·마하구치라·이바다·주리반타가·난타·아난타·라후라·교범바제·빈두로파라타·가류타이·마하겁빈나·박구라·아누루타와 같은 큰 제자들이었다. 또한 보살마하살인 문수사리법왕자를 비롯해 아일다보살·건타하제보살·상정진보살 등 여러 대보살과 석제환인 등 수많은 천인들과 더불어 함께 계셨다.

그때 부처님께서 장로 사리불에게 말씀하셨다. 여기에서 서쪽으로 십만억 불국토를 지난 곳에 한 세계가 있으니 이름이 극락이요, 거기에 부처님이 계시니 호가 아미타이시라, 지금도 법을 설하고 계시느니라.

사리불이여, 저 세계를 어찌하여 극락이라 하는 줄 아는가? 그 세계에 있는 중생들은

아무 괴로움도 없고 다만 즐거움만 누리므로 극락이라 하느니라.

그리고 사리불아, 극락세계에는 일곱 겹으로 된 난간과 일곱 겹 나망과 일곱 겹 가로수가 있는데, 금·은·청옥·수정의 네 가지 보배로 두루두루 둘러싸여 있으므로 그 나라를 또한 극락이라 하느니라.

사리불이여, 또 극락세계에서는 칠보로 된 연못이 있으니, 여덟 가지 공덕이 있는 물로 가득 찼으며, 연못 바닥엔 깨끗한 금모래가 깔려 있느니라. 연못 둘레에는 금·은·유리·파려 등 네 가지 보배로 이루어진 층계가 있고, 그 위에 누각이 있어 금·은·유리·파려·자거·적진주·마노 등으로 찬란하게 꾸며져 있느니라.

그리고 연못 가운데 핀 연꽃은 크기가 큰 수레바퀴만하여, 푸른 꽃에서는 푸른 광채

가 나고, 누런 꽃에서는 누런 광채가 나며,
붉은 꽃에서는 붉은 광채가 나고, 흰 꽃에
서는 흰 광채가 나서 이를 데 없이 향기롭
고 정결하니라. 사리불이여, 극락세계는 이
와 같은 공덕장엄으로 이루어졌느니라.
사리불이여, 또한 저 부처님 나라에는 항상
천상의 음악이 울리며, 황금으로 땅을 이루
고, 주야 육시로 천상의 만다라 꽃비가 내
리느니라. 그 나라 사람들은 항상 이른 아
침마다 바구니에 온갖 아름다운 꽃을 담아
가지고 다른 세계에 계시는 십만억 부처님
께 공양하고, 아침 시간 전에 돌아와 식사
를 마치고 경행하느니라. 사리불이여, 극락
세계는 이와 같은 공덕장엄으로 이루어졌느
니라.
사리불이여, 또한 저 나라에는 항상 가지가
지 기묘한 여러 빛깔을 가진 백학·공작·

앵무새·사리새·가릉빈가·공명조 등의 새가 있어서, 이들 새의 무리들이 주야 육시로 항상 조화롭고 맑은 소리를 내는데, 그 아름다운 소리에서는 오근, 오력, 칠보리분, 팔정도 등의 법을 설하는 소리가 흘러나오느니라. 그 나라 중생들은 그 소리를 들으면, 부처님을 생각하고 법문을 생각하며 스님들을 생각하게 되느니라.

사리불이여, 그대는 저 새들이 죄업으로 인하여 생긴 것이라 생각하지 말라. 왜냐 하면 저 불국토에는 삼악도가 없기 때문이니라. 사리불이여, 저 세계에는 악도라는 이름도 없거늘 어찌 실제로 그런 것이 있겠는가. 이들 여러 새들은 모두 아미타불께서 법문을 설하기 위해 화현으로 만든 것이니라.

사리불이여, 저 불국토에서는 약간의 바람만 불어도 보석으로 장식된 가로수와 나망

에서 아름다운 소리가 나는데, 그것은 마치
백천 가지 악기가 합주하는 것과 같으며,
이 소리를 듣는 사람은 모두가 저절로 부처
님을 생각하고 법문을 생각하며 스님들을
생각할 마음을 내느니라. 사리불이여, 저
불국토는 이와 같은 공덕장엄으로 이루어졌
느니라.

사리불이여, 저 부처님을 어찌하여 아미타
불이라 하는 줄 아는가? 사리불이여, 저 부
처님의 광명이 한량없어 시방세계를 두루
비춤에 조금도 걸림이 없기 때문에 아미타
불이라 하느니라. 사리불이여, 또한 저 부
처님의 수명과 그 나라 백성의 수명이 한량
없고 끝이 없는 아승지겁이므로 아미타불이
라 하나니, 아미타불이 성불한 지도 벌써
십겁이 되었느니라.

사리불이여, 저 부처님에게는 헤아릴 수 없

이 많은 성문 제자들이 있으니 모두가 아라한으로, 그 수효는 어떤 산수로도 헤아릴 수 없으며, 보살 대중의 수도 또한 그러하니라. 사리불이여, 저 불국토는 이와 같은 공덕장엄으로 이루어졌느니라.

사리불이여, 극락세계에 태어나는 중생들은 다 보리심에서 물러나지 않는 이들이며, 그 가운데는 일생보처에 이른 이들이 수없이 많아 산수로는 알 수 없으며, 다만 무량무변아승지로 말할 뿐이니라.

사리불이여, 이 말을 들은 중생들은 마땅히 서원을 발하되, 저 나라에 가서 태어나기를 원해야 할 것이니라. 왜냐 하면 저 세계에 나면 이와 같이 으뜸가는 여러 선인들과 한데 모여 살 수 있기 때문이니라.

사리불이여, 작은 선근이나 복덕의 인연으로는 저 세계에 가서 날 수가 없느니라.

사리불이여, 어떤 선남자 선여인이 있어 아미타불에 대한 법문을 듣고 하루나 이틀 혹은 사흘, 나흘, 닷새, 엿새, 이레 동안 한결같은 마음으로 아미타불의 명호를 외워 마음이 조금도 흐트러지지 않으면, 그 사람이 임종할 때에 아미타불이 여러 성인들과 함께 그 사람 앞에 나타나느니라. 그러면 그 사람은 목숨을 마칠 때에 마음이 휘둘리지 아니하여, 곧 아미타불의 극락세계에 왕생하게 되느니라. 사리불이여, 여래는 이러한 공덕이 있음을 보고 이와 같이 말하는 것이니, 어떤 중생이든지 이 말을 들으면 마땅히 저 국토에 가서 나기를 발원할지니라.

사리불이여, 여래가 지금 아미타불의 불가사의한 공덕을 찬탄한 것처럼, 동방에도 아촉비불 · 수미상불 · 대수미불 · 수미광불 · 묘음불 등 항하사수 여러 부처님이 계시어,

각기 그 세계에서 삼천대천세계를 두루 덮는 큰 목소리로 정성을 다하여 연설하여 말씀하시되, 『너희들 중생들은 마땅히 불가사의한 공덕을 칭찬하신 모든 부처님이 호념하시는 이 경을 믿으라.』고 하시느니라.

사리불이여, 남방세계에도 일월등불·명문광불·대염견불·수미등불·무량정진불 등 항하사수 여러 부처님이 계시어, 각기 그 세계에서 삼천대천세계를 두루 덮는 큰 목소리로 정성을 다하여 연설하여 말씀하시되, 『너희들 중생들은 마땅히 불가사의한 공덕을 칭찬하신 모든 부처님이 호념하시는 이 경을 믿으라.』고 하시느니라.

사리불이여, 서방세계에도 무량수불·무량상불·무량당불·대광불·대명불·보상불·정광불 등 항하사수 여러 부처님이 계시어, 각기 그 세계에서 삼천대천세계를 두

루 덮는 큰 목소리로 정성을 다하여 연설하여 말씀하시되, 『너희들 중생들은 마땅히 불가사의한 공덕을 칭찬하신 모든 부처님이 호념하시는 이 경을 믿으라.』고 하시느니라.

사리불이여, 북방세계에도 염견불 · 최승음불 · 난저불 · 일생불 · 망명불 등 항하사수 여러 부처님이 계시어, 각기 그 세계에서 삼천대천세계를 두루 덮는 큰 목소리로 정성을 다하여 연설하여 말씀하시되, 『너희들 중생들은 마땅히 불가사의한 공덕을 칭찬하신 모든 부처님이 호념하시는 이 경을 믿으라.』고 하시느니라.

사리불이여, 하방세계에도 사자불 · 명문불 · 명광불 · 달마불 · 법당불 · 지법불 등 항하사수 여러 부처님이 계시어, 각기 그 세계에서 삼천대천세계를 두루 덮는 큰 목소리로 정성을 다하여 연설하여 말씀하시

되, 『너희들 중생들은 마땅히 불가사의한 공덕을 칭찬하신 모든 부처님이 호념하시는 이 경을 믿으라.』고 하시느니라.

사리불이여, 상방세계에도 범음불·수왕불·향상불·대염견불·잡색보화엄신불·사라수왕불·보화덕불·견일체의불·여수미산불 등 항하사수 여러 부처님이 계시어, 각기 그 세계에서 삼천대천세계를 두루 덮는 큰 목소리로 정성을 다하여 연설하여 말씀하시되, 『너희들 중생들은 마땅히 불가사의한 공덕을 칭찬하신 모든 부처님이 호념하시는 이 경을 믿으라.』고 하시느니라.

사리불이여, 어찌 하여 이 경을 모든 부처님들이 호념하는 경이라고 하는 줄 아느냐?

사리불이여, 어떤 선남자 선여인이 있어 만약 이 경을 듣고 받아 지니거나 부처님의 명호를 들으면, 이들 선남자 선여인 모두가

모든 부처님의 보호를 받아 위없이 바른 깨
달음에서 물러서지 않기 때문이니라. 그러
므로 너희들은 마땅히 나의 말과 모든 부처
님이 말씀하신 바를 믿어야 하느니라.
사리불이여, 어떤 사람이 아미타불의 세계
에 가서 나기를 이미 발원하였거나, 지금 발
원하거나 혹은 장차 발원하여 아미타 불국
토에 태어나고자 하면, 이 사람들은 모두 위
없이 바른 깨달음에서 물러나지 아니하고,
저 세계에 벌써 났거나 지금 나거나 혹은 장
차 날 것이니라. 그러므로 사리불이여, 선남
자 선여인으로서 신심이 있는 자는 마땅히
저 세계에 나기를 발원해야 하느니라.
사리불이여, 여래가 지금 여러 부처님의 불
가사의한 공덕을 찬탄하듯이, 저 모든 부처
님들도 또한 나의 불가사의한 공덕을 칭찬
하시기를, 『석가모니 부처님이 심히 어렵고

희유한 일을 이루었으니, 능히 겁탁, 견탁, 번뇌탁, 중생탁, 명탁 등의 사바세계의 오탁악세에서 위없이 바른 깨달음을 얻고 중생들을 위하여 세간에서 믿기 어려운 법을 설한다.』고 하시느니라.

사리불이여, 마땅히 알지니 여래가 오탁악세에서 이렇게 어려운 일을 행하여 위없이 바른 깨달음을 얻고, 일체 세간을 위해 이 믿기 어려운 법을 설하는 것은 매우 어려우니라.

부처님께서 이 경을 다 말씀하시니, 사리불과 여러 비구들과 모든 세간의 천인·아수라 등이 부처님의 말씀을 듣고, 기쁘게 믿고 받아 예배하고 물러갔다.

나무 아미타불

불설아미타경

경전을 펴는 게송(開經偈)

경전속의 미묘한법 세상제일 존귀하여

백천만겁 지나도록 만나뵙기 어려워라

제가이제 보고듣고 받아지녀 외우오니

부처님의 진실한뜻 알아지길 원합니다

법장을 여는 진언(開法藏眞言)

『옴 아라남 아라다』(세번)

불설아미타경

이와 같이 내가 들었다. 한때 부처님께서

사위국 기수급고독원에서 큰 비구 천이백오

십 인과 더불어 함께 계셨다. 그들은 모두

가 대 아라한으로 여러 사람들에게 잘 알려진 이들이었으니 장로 사리불·마하목건련·마하가섭·마하가전련·마하구치라·이바다·주리반타가·난타·아난타·라후라·교범바제·빈두로파라타·가류타이·마하겁빈나·박구라·아누루타와 같은 큰 제자들이었다. 또한 보살마하살인 문수사리법왕자를 비롯해 아일다보살·건타하제보살·상정진보살 등 여러 대보살과 석제환인 등 수많은 천인들과 더불어 함께 계셨다.

그때 부처님께서 장로 사리불에게 말씀하셨다. 여기에서 서쪽으로 십만억 불국토를 지난 곳에 한 세계가 있으니 이름이 극락이요, 거기에 부처님이 계시니 호가 아미타이시라, 지금도 법을 설하고 계시느니라.

사리불이여, 저 세계를 어찌하여 극락이라 하는 줄 아는가? 그 세계에 있는 중생들은

아무 괴로움도 없고 다만 즐거움만 누리므로 극락이라 하느니라.

그리고 사리불아, 극락세계에는 일곱 겹으로 된 난간과 일곱 겹 나망과 일곱 겹 가로수가 있는데, 금·은·청옥·수정의 네 가지 보배로 두루두루 둘러싸여 있으므로 그 나라를 또한 극락이라 하느니라.

사리불이여, 또 극락세계에서는 칠보로 된 연못이 있으니, 여덟 가지 공덕이 있는 물로 가득 찼으며, 연못 바닥엔 깨끗한 금모래가 깔려 있느니라. 연못 둘레에는 금·은·유리·파려 등 네 가지 보배로 이루어진 층계가 있고, 그 위에 누각이 있어 금·은·유리·파려·자거·적진주·마노 등으로 찬란하게 꾸며져 있느니라.

그리고 연못 가운데 핀 연꽃은 크기가 큰 수레바퀴만하여, 푸른 꽃에서는 푸른 광채

가 나고, 누런 꽃에서는 누런 광채가 나며, 붉은 꽃에서는 붉은 광채가 나고, 흰 꽃에서는 흰 광채가 나서 이를 데 없이 향기롭고 정결하니라. 사리불이여, 극락세계는 이와 같은 공덕장엄으로 이루어졌느니라.

사리불이여, 또한 저 부처님 나라에는 항상 천상의 음악이 울리며, 황금으로 땅을 이루고, 주야 육시로 천상의 만다라 꽃비가 내리느니라. 그 나라 사람들은 항상 이른 아침마다 바구니에 온갖 아름다운 꽃을 담아 가지고 다른 세계에 계시는 십만억 부처님께 공양하고, 아침 시간 전에 돌아와 식사를 마치고 경행하느니라. 사리불이여, 극락세계는 이와 같은 공덕장엄으로 이루어졌느니라.

사리불이여, 또한 저 나라에는 항상 가지가지 기묘한 여러 빛깔을 가진 백학·공작·

앵무새 · 사리새 · 가릉빈가 · 공명조 등의 새가 있어서, 이들 새의 무리들이 주야 육시로 항상 조화롭고 맑은 소리를 내는데, 그 아름다운 소리에서는 오근, 오력, 칠보리분, 팔정도 등의 법을 설하는 소리가 흘러나오느니라. 그 나라 중생들은 그 소리를 들으면, 부처님을 생각하고 법문을 생각하며 스님들을 생각하게 되느니라.

사리불이여, 그대는 저 새들이 죄업으로 인하여 생긴 것이라 생각하지 말라. 왜냐 하면 저 불국토에는 삼악도가 없기 때문이니라.

사리불이여, 저 세계에는 악도라는 이름도 없거늘 어찌 실제로 그런 것이 있겠는가. 이들 여러 새들은 모두 아미타불께서 법문을 설하기 위해 화현으로 만든 것이니라.

사리불이여, 저 불국토에서는 약간의 바람만 불어도 보석으로 장식된 가로수와 나망

에서 아름다운 소리가 나는데, 그것은 마치
백천 가지 악기가 합주하는 것과 같으며,
이 소리를 듣는 사람은 모두가 저절로 부처
님을 생각하고 법문을 생각하며 스님들을
생각할 마음을 내느니라. 사리불이여, 저
불국토는 이와 같은 공덕장엄으로 이루어졌
느니라.

사리불이여, 저 부처님을 어찌하여 아미타
불이라 하는 줄 아는가? 사리불이여, 저 부
처님의 광명이 한량없어 시방세계를 두루
비춤에 조금도 걸림이 없기 때문에 아미타
불이라 하느니라. 사리불이여, 또한 저 부
처님의 수명과 그 나라 백성의 수명이 한량
없고 끝이 없는 아승지겁이므로 아미타불이
라 하나니, 아미타불이 성불한 지도 벌써
십겁이 되었느니라.

사리불이여, 저 부처님에게는 헤아릴 수 없

이 많은 성문 제자들이 있으니 모두가 아라
한으로, 그 수효는 어떤 산수로도 헤아릴
수 없으며, 보살 대중의 수도 또한 그러하
니라. 사리불이여, 저 불국토는 이와 같은
공덕장엄으로 이루어졌느니라.

사리불이여, 극락세계에 태어나는 중생들은
다 보리심에서 물러나지 않는 이들이며, 그
가운데는 일생보처에 이른 이들이 수없이
많아 산수로는 알 수 없으며, 다만 무량무
변아승지로 말할 뿐이니라.

사리불이여, 이 말을 들은 중생들은 마땅히
서원을 발하되, 저 나라에 가서 태어나기를
원해야 할 것이니라. 왜냐 하면 저 세계에
나면 이와 같이 으뜸가는 여러 선인들과 한
데 모여 살 수 있기 때문이니라.

사리불이여, 작은 선근이나 복덕의 인연으
로는 저 세계에 가서 날 수가 없느니라.

사리불이여, 어떤 선남자 선여인이 있어 아
미타불에 대한 법문을 듣고 하루나 이틀 혹
은 사흘, 나흘, 닷새, 엿새, 이레 동안 한결
같은 마음으로 아미타불의 명호를 외워 마
음이 조금도 흐트러지지 않으면, 그 사람이
임종할 때에 아미타불이 여러 성인들과 함
께 그 사람 앞에 나타나느니라. 그러면 그
사람은 목숨을 마칠 때에 마음이 휘둘리지
아니하여, 곧 아미타불의 극락세계에 왕생
하게 되느니라. 사리불이여, 여래는 이러한
공덕이 있음을 보고 이와 같이 말하는 것이
니, 어떤 중생이든지 이 말을 들으면 마땅
히 저 국토에 가서 나기를 발원할지니라.
사리불이여, 여래가 지금 아미타불의 불가
사의한 공덕을 찬탄한 것처럼, 동방에도 아
축비불·수미상불·대수미불·수미광불·
묘음불 등 항하사수 여러 부처님이 계시어,

각기 그 세계에서 삼천대천세계를 두루 덮는 큰 목소리로 정성을 다하여 연설하여 말씀하시되, 『너희들 중생들은 마땅히 불가사의한 공덕을 칭찬하신 모든 부처님이 호념하시는 이 경을 믿으라.』고 하시느니라.

사리불이여, 남방세계에도 일월등불·명문광불·대염견불·수미등불·무량정진불 등 항하사수 여러 부처님이 계시어, 각기 그 세계에서 삼천대천세계를 두루 덮는 큰 목소리로 정성을 다하여 연설하여 말씀하시되, 『너희들 중생들은 마땅히 불가사의한 공덕을 칭찬하신 모든 부처님이 호념하시는 이 경을 믿으라.』고 하시느니라.

사리불이여, 서방세계에도 무량수불·무량상불·무량당불·대광불·대명불·보상불·정광불 등 항하사수 여러 부처님이 계시어, 각기 그 세계에서 삼천대천세계를 두

루 덮는 큰 목소리로 정성을 다하여 연설하여 말씀하시되,『너희들 중생들은 마땅히 불가사의한 공덕을 칭찬하신 모든 부처님이 호념하시는 이 경을 믿으라.』고 하시느니라.

사리불이여, 북방세계에도 염견불·최승음불·난저불·일생불·망명불 등 항하사수 여러 부처님이 계시어, 각기 그 세계에서 삼천대천세계를 두루 덮는 큰 목소리로 정성을 다하여 연설하여 말씀하시되,『너희들 중생들은 마땅히 불가사의한 공덕을 칭찬하신 모든 부처님이 호념하시는 이 경을 믿으라.』고 하시느니라.

사리불이여, 하방세계에도 사자불·명문불·명광불·달마불·법당불·지법불 등 항하사수 여러 부처님이 계시어, 각기 그 세계에서 삼천대천세계를 두루 덮는 큰 목소리로 정성을 다하여 연설하여 말씀하시

되, 『너희들 중생들은 마땅히 불가사의한 공덕을 칭찬하신 모든 부처님이 호념하시는 이 경을 믿으라.』고 하시느니라.

사리불이여, 상방세계에도 범음불·수왕불·향상불·대염견불·잡색보화엄신불·사리수왕불·보화덕불·견일체의불·여수미산불 등 항하사수 여러 부처님이 계시어, 각기 그 세계에서 삼천대천세계를 두루 덮는 큰 목소리로 정성을 다하여 연설하여 말씀하시되, 『너희들 중생들은 마땅히 불가사의한 공덕을 칭찬하신 모든 부처님이 호념하시는 이 경을 믿으라.』고 하시느니라.

사리불이여, 어찌 하여 이 경을 모든 부처님들이 호념하는 경이라고 하는 줄 아느냐?

사리불이여, 어떤 선남자 선여인이 있어 만약 이 경을 듣고 받아 지니거나 부처님의 명호를 들으면, 이들 선남자 선여인 모두가

모든 부처님의 보호를 받아 위없이 바른 깨
달음에서 물러서지 않기 때문이니라. 그러
므로 너희들은 마땅히 나의 말과 모든 부처
님이 말씀하신 바를 믿어야 하느니라.
사리불이여, 어떤 사람이 아미타불의 세계
에 가서 나기를 이미 발원하였거나, 지금 발
원하거나 혹은 장차 발원하여 아미타 불국
토에 태어나고자 하면, 이 사람들은 모두 위
없이 바른 깨달음에서 물러나지 아니하고,
저 세계에 벌써 났거나 지금 나거나 혹은 장
차 날 것이니라. 그러므로 사리불이여, 선남
자 선여인으로서 신심이 있는 자는 마땅히
저 세계에 나기를 발원해야 하느니라.
사리불이여, 여래가 지금 여러 부처님의 불
가사의한 공덕을 찬탄하듯이, 저 모든 부처
님들도 또한 나의 불가사의한 공덕을 칭찬
하시기를, 『석가모니 부처님이 심히 어렵고

희유한 일을 이루었으니, 능히 겁탁, 견탁,

번뇌탁, 중생탁, 명탁 등의 사바세계의 오

탁악세에서 위없이 바른 깨달음을 얻고 중

생들을 위하여 세간에서 믿기 어려운 법을

설한다.』고 하시느니라.

사리불이여, 마땅히 알지니 여래가 오탁악

세에서 이렇게 어려운 일을 행하여 위없이

바른 깨달음을 얻고, 일체 세간을 위해 이

믿기 어려운 법을 설하는 것은 매우 어려우

니라.

부처님께서 이 경을 다 말씀하시니, 사리불

과 여러 비구들과 모든 세간의 천인·아수

라 등이 부처님의 말씀을 듣고, 기쁘게 믿

고 받아 예배하고 물러갔다.

나무 아미타불

불기 25 년   월   일   사경

불설아미타경

경전을 펴는 게송(開經偈)

경전속의 미묘한법 세상제일 존귀하여

백천만겁 지나도록 만나뵙기 어려워라

제가이제 보고듣고 받아지녀 외우오니

부처님의 진실한뜻 알아지길 원합니다

법장을 여는 진언(開法藏眞言)

『옴 아라남 아라다』 (세번)

불설아미타경

이와 같이 내가 들었다. 한때 부처님께서

사위국 기수급고독원에서 큰 비구 천이백오

십 인과 더불어 함께 계셨다. 그들은 모두

가 대 아라한으로 여러 사람들에게 잘 알려진 이들이었으니 장로 사리불·마하목건련·마하가섭·마하가전련·마하구치라·이바다·주리반타가·난타·아난타·라후라·교범바제·빈두로파라타·가류타이·마하겁빈나·박구라·아누루타와 같은 큰 제자들이었다. 또한 보살마하살인 문수사리 법왕자를 비롯해 아일다보살·건타하제보살·상정진보살 등 여러 대보살과 석제환인 등 수많은 천인들과 더불어 함께 계셨다.

그때 부처님께서 장로 사리불에게 말씀하셨다. 여기에서 서쪽으로 십만억 불국토를 지난 곳에 한 세계가 있으니 이름이 극락이요, 거기에 부처님이 계시니 호가 아미타이시라, 지금도 법을 설하고 계시느니라.

사리불이여, 저 세계를 어찌하여 극락이라 하는 줄 아는가? 그 세계에 있는 중생들은

아무 괴로움도 없고 다만 즐거움만 누리므로 극락이라 하느니라.

그리고 사리불아, 극락세계에는 일곱 겹으로 된 난간과 일곱 겹 나망과 일곱 겹 가로수가 있는데, 금·은·청옥·수정의 네 가지 보배로 두루두루 둘러싸여 있으므로 그 나라를 또한 극락이라 하느니라.

사리불이여, 또 극락세계에서는 칠보로 된 연못이 있으니, 여덟 가지 공덕이 있는 물로 가득 찼으며, 연못 바닥엔 깨끗한 금모래가 깔려 있느니라. 연못 둘레에는 금·은·유리·파려 등 네 가지 보배로 이루어진 층계가 있고, 그 위에 누각이 있어 금·은·유리·파려·자거·적진주·마노 등으로 찬란하게 꾸며져 있느니라.

그리고 연못 가운데 핀 연꽃은 크기가 큰 수레바퀴만하여, 푸른 꽃에서는 푸른 광채

가 나고, 누런 꽃에서는 누런 광채가 나며, 붉은 꽃에서는 붉은 광채가 나고, 흰 꽃에서는 흰 광채가 나서 이를 데 없이 향기롭고 정결하니라. 사리불이여, 극락세계는 이와 같은 공덕장엄으로 이루어졌느니라.

사리불이여, 또한 저 부처님 나라에는 항상 천상의 음악이 울리며, 황금으로 땅을 이루고, 주야 육시로 천상의 만다라 꽃비가 내리느니라. 그 나라 사람들은 항상 이른 아침마다 바구니에 온갖 아름다운 꽃을 담아 가지고 다른 세계에 계시는 십만억 부처님께 공양하고, 아침 시간 전에 돌아와 식사를 마치고 경행하느니라. 사리불이여, 극락세계는 이와 같은 공덕장엄으로 이루어졌느니라.

사리불이여, 또한 저 나라에는 항상 가지가지 기묘한 여러 빛깔을 가진 백학·공작·

앵무새·사리새·가릉빈가·공명조 등의 새가 있어서, 이들 새의 무리들이 주야 육시로 항상 조화롭고 맑은 소리를 내는데, 그 아름다운 소리에서는 오근, 오력, 칠보리분, 팔정도 등의 법을 설하는 소리가 흘러나오느니라. 그 나라 중생들은 그 소리를 들으면, 부처님을 생각하고 법문을 생각하며 스님들을 생각하게 되느니라.

사리불이여, 그대는 저 새들이 죄업으로 인하여 생긴 것이라 생각하지 말라. 왜냐 하면 저 불국토에는 삼악도가 없기 때문이니라.

사리불이여, 저 세계에는 악도라는 이름도 없거늘 어찌 실제로 그런 것이 있겠는가. 이들 여러 새들은 모두 아미타불께서 법문을 설하기 위해 화현으로 만든 것이니라.

사리불이여, 저 불국토에서는 약간의 바람만 불어도 보석으로 장식된 가로수와 나망

에서 아름다운 소리가 나는데, 그것은 마치 백천 가지 악기가 합주하는 것과 같으며, 이 소리를 듣는 사람은 모두가 저절로 부처님을 생각하고 법문을 생각하며 스님들을 생각할 마음을 내느니라. 사리불이여, 저 불국토는 이와 같은 공덕장엄으로 이루어졌느니라.

사리불이여, 저 부처님을 어찌하여 아미타불이라 하는 줄 아는가? 사리불이여, 저 부처님의 광명이 한량없어 시방세계를 두루 비춤에 조금도 걸림이 없기 때문에 아미타불이라 하느니라. 사리불이여, 또한 저 부처님의 수명과 그 나라 백성의 수명이 한량없고 끝이 없는 아승지겁이므로 아미타불이라 하나니, 아미타불이 성불한 지도 벌써 십겁이 되었느니라.

사리불이여, 저 부처님에게는 헤아릴 수 없

이 많은 성문 제자들이 있으니 모두가 아라한으로, 그 수효는 어떤 산수로도 헤아릴 수 없으며, 보살 대중의 수도 또한 그러하니라. 사리불이여, 저 불국토는 이와 같은 공덕장엄으로 이루어졌느니라.

사리불이여, 극락세계에 태어나는 중생들은 다 보리심에서 물러나지 않는 이들이며, 그 가운데는 일생보처에 이른 이들이 수없이 많아 산수로는 알 수 없으며, 다만 무량무변아승지로 말할 뿐이니라.

사리불이여, 이 말을 들은 중생들은 마땅히 서원을 발하되, 저 나라에 가서 태어나기를 원해야 할 것이니라. 왜냐 하면 저 세계에 나면 이와 같이 으뜸가는 여러 선인들과 한데 모여 살 수 있기 때문이니라.

사리불이여, 작은 선근이나 복덕의 인연으로는 저 세계에 가서 날 수가 없느니라.

사리불이여, 어떤 선남자 선여인이 있어 아미타불에 대한 법문을 듣고 하루나 이틀 혹은 사흘, 나흘, 닷새, 엿새, 이레 동안 한결같은 마음으로 아미타불의 명호를 외워 마음이 조금도 흐트러지지 않으면, 그 사람이 임종할 때에 아미타불이 여러 성인들과 함께 그 사람 앞에 나타나느니라. 그러면 그 사람은 목숨을 마칠 때에 마음이 휘둘리지 아니하여, 곧 아미타불의 극락세계에 왕생하게 되느니라. 사리불이여, 여래는 이러한 공덕이 있음을 보고 이와 같이 말하는 것이니, 어떤 중생이든지 이 말을 들으면 마땅히 저 국토에 가서 나기를 발원할지니라.

사리불이여, 여래가 지금 아미타불의 불가사의한 공덕을 찬탄한 것처럼, 동방에도 아축비불·수미상불·대수미불·수미광불·묘음불 등 항하사수 여러 부처님이 계시어,

각기 그 세계에서 삼천대천세계를 두루 덮
는 큰 목소리로 정성을 다하여 연설하여 말
씀하시되,『너희들 중생들은 마땅히 불가사
의한 공덕을 칭찬하신 모든 부처님이 호념
하시는 이 경을 믿으라.』고 하시느니라.

사리불이여, 남방세계에도 일월등불·명문
광불·대염견불·수미등불·무량정진불 등
항하사수 여러 부처님이 계시어, 각기 그
세계에서 삼천대천세계를 두루 덮는 큰 목
소리로 정성을 다하여 연설하여 말씀하시
되,『너희들 중생들은 마땅히 불가사의한
공덕을 칭찬하신 모든 부처님이 호념하시는
이 경을 믿으라.』고 하시느니라.

사리불이여, 서방세계에도 무량수불·무량
상불·무량당불·대광불·대명불·보상
불·정광불 등 항하사수 여러 부처님이 계
시어, 각기 그 세계에서 삼천대천세계를 두

루 덮는 큰 목소리로 정성을 다하여 연설하
여 말씀하시되,『너희들 중생들은 마땅히 불
가사의한 공덕을 칭찬하신 모든 부처님이
호념하시는 이 경을 믿으라.』고 하시느니라.
사리불이여, 북방세계에도 염견불·최승음
불·난저불·일생불·망명불 등 항하사수
여러 부처님이 계시어, 각기 그 세계에서
삼천대천세계를 두루 덮는 큰 목소리로 정
성을 다하여 연설하여 말씀하시되,『너희들
중생들은 마땅히 불가사의한 공덕을 칭찬하
신 모든 부처님이 호념하시는 이 경을 믿으
라.』고 하시느니라.
사리불이여, 하방세계에도 사자불·명문
불·명광불·달마불·법당불·지법불 등
항하사수 여러 부처님이 계시어, 각기 그
세계에서 삼천대천세계를 두루 덮는 큰 목
소리로 정성을 다하여 연설하여 말씀하시

되, 『너희들 중생들은 마땅히 불가사의한 공덕을 칭찬하신 모든 부처님이 호념하시는 이 경을 믿으라.』고 하시느니라.

사리불이여, 상방세계에도 범음불·수왕불·향상불·대염견불·잡색보화엄신불·사라수왕불·보화덕불·견일체의불·여수미산불 등 항하사수 여러 부처님이 계시어, 각기 그 세계에서 삼천대천세계를 두루 덮는 큰 목소리로 정성을 다하여 연설하여 말씀하시되, 『너희들 중생들은 마땅히 불가사의한 공덕을 칭찬하신 모든 부처님이 호념하시는 이 경을 믿으라.』고 하시느니라.

사리불이여, 어찌 하여 이 경을 모든 부처님들이 호념하는 경이라고 하는 줄 아느냐?

사리불이여, 어떤 선남자 선여인이 있어 만약 이 경을 듣고 받아 지니거나 부처님의 명호를 들으면, 이들 선남자 선여인 모두가

모든 부처님의 보호를 받아 위없이 바른 깨
달음에서 물러서지 않기 때문이니라. 그러
므로 너희들은 마땅히 나의 말과 모든 부처
님이 말씀하신 바를 믿어야 하느니라.

사리불이여, 어떤 사람이 아미타불의 세계
에 가서 나기를 이미 발원하였거나, 지금 발
원하거나 혹은 장차 발원하여 아미타 불국
토에 태어나고자 하면, 이 사람들은 모두 위
없이 바른 깨달음에서 물러나지 아니하고,
저 세계에 벌써 났거나 지금 나거나 혹은 장
차 날 것이니라. 그러므로 사리불이여, 선남
자 선여인으로서 신심이 있는 자는 마땅히
저 세계에 나기를 발원해야 하느니라.

사리불이여, 여래가 지금 여러 부처님의 불
가사의한 공덕을 찬탄하듯이, 저 모든 부처
님들도 또한 나의 불가사의한 공덕을 칭찬
하시기를, 『석가모니 부처님이 심히 어렵고

희유한 일을 이루었으니, 능히 겁탁, 견탁,
번뇌탁, 중생탁, 명탁 등의 사바세계의 오
탁악세에서 위없이 바른 깨달음을 얻고 중
생들을 위하여 세간에서 믿기 어려운 법을
설한다.』고 하시느니라.
사리불이여, 마땅히 알지니 여래가 오탁악
세에서 이렇게 어려운 일을 행하여 위없이
바른 깨달음을 얻고, 일체 세간을 위해 이
믿기 어려운 법을 설하는 것은 매우 어려우
니라.
부처님께서 이 경을 다 말씀하시니, 사리불
과 여러 비구들과 모든 세간의 천인·아수
라 등이 부처님의 말씀을 듣고, 기쁘게 믿
고 받아 예배하고 물러갔다.
나무 아미타불

불기 25 년 월 일 　　　　사경

사 경 본
불설아미타경

2014(불기2558)년 3월 20일 초판 1쇄 인쇄
2020(불기2564)년 11월 29일 재판 4쇄 발행
편 집 · 편 집 실
발행인 · 김 동 금
만든곳 · 우리출판사

서울특별시 서대문구 경기대로9길 62(충정로3가)
☎ (02)313-5047, 313-5056
Fax. (02)393-9696
wooribooks@hanmail.net
www.wooribooks.com
등록 : 제9-139호

ISBN 978-89-7561-320-3 13220

정가 6,000원